文状元

一个从学子到宰相的人生奋斗历程

章宪法 著

中国画报出版社·北京

引言

"状元",似乎没有人不明白,但其实多数人不明白。

中国传统文化,没有任何一种能像"状元文化"这样魅力持久,影响古今。每年高考季,"高考状元"都会霸屏上热搜。人们以为,这就是"状元"。实际上,所谓的"高考状元",无非全省总分第一,上清华、北大没问题,但离真正的状元还差得远。

现实生活中,追捧历史剧的颇多,这是一件无可厚非的事。但将其当作历史看,势必废掉一批人的脑子。"谁料皇榜中状元",黄梅戏经典剧目《女驸马》,熟悉的人还是不少的,不妨顺着《女驸马》的戏剧情节,粗略了解一下什么是状元,见识一下戏剧家对历史的娱乐化。

《女驸马》的故事情节很简洁:冯素贞姑娘是个"白富美",未婚夫李兆廷公子本是"高富帅",门当户对。不幸,意外发生了:李家败落,这"富"字一抽掉,"高富帅"就等于"矮穷矬"。李公子不能"脑筋急转弯",依旧跑进冯府找冯姑娘。爱情总是感人的,冯姑娘赠银李公子,说等你考上"大学"当了"干部",有钱有权,再拯救我们的爱情吧!

冯姑娘的父亲,根本就不跟女儿一般见识,正寻思如何退婚,撞见这一出,便将李公子当作盗银贼,成功地送进了监狱。爱情受挫的姑娘脑子容易短路,心想我要是考个状元,不一样有钱有权,照样实现美满姻缘吗?

冯姑娘男装出逃,冒名李兆廷,真的考了个状元。不料,皇上一看这"小伙子"才貌俱佳,家里正有个闺女是"单身狗"呢!论有钱有权,谁能比得过皇上?冯姑娘就这么成了"女驸马",日子从此没法过了。

冯姑娘真的能够考上状元吗?只能说冯姑娘糊涂大胆,她要是知道考状元的风险点有哪些,寻死的心思都会有的。以"高考"喻之,冯姑娘拿不到"准考证",买不到"车票",进不了"考场",更不敢领"录取通知书",每一个环节,都是死结。

古代科考,比现代高考要严格许多,了解了科考规则自会明白。但《女驸马》毕竟是戏剧,没有必要太过较真。况且,中国历史上确实也有过"女状元"。不过,仅有一位,她不叫冯素贞,而叫傅善祥,太平天国的"女状元"。傅状元是个寡妇,考取状元后成了东王杨秀清的情妇,生活经历比《女驸马》中的更为曲折离奇。但是,太平天国的科举制度也像戏剧,没有太大的参考价值。

状元人人梦寐以求,皇帝的闺女也让人心花怒放。状元可能娶公主吗?只能说存在这种可能,但概率约等于零。

中国的科举历史,将近1300年。读书人想读书做官,就得不停地考。成熟的科举制度,读书人的科考是"三部曲":考"秀才",考"举人",考"进士"。"进士"中的第一名,就是所谓的"状元"。这一圈考下来,读书人就算没添孙子,儿子也早已都"打酱油"了。

正常情况下,读书人考中"秀才"时,基本上已结婚。清

中国现存明代唯一状元卷

中国科举制度自隋朝中期创立到清朝末年废除，历经唐、宋、元、明、清，有1300年的历史。曾产生出700多名状元，但保留下来的状元墨迹却只有这一张。

明代万历年间状元赵秉忠的殿试卷，于1983年在山东青州市被发现。这份状元卷是从赵秉忠第十三代孙赵焕彬处征得，系明万历二十六年（1598）赵秉忠考中状元的殿试卷原件。状元卷是宣纸，长3.3米、宽38厘米，全卷分为3部分。第一部分约长50厘米，列有9位读卷官的职务、姓名。9位读卷官中有6位是吏部、户部、刑部尚书，均从六部九卿中选派出来。状元卷上1260个字，写得极其端正漂亮。现藏于青州博物馆，被誉为天下第一卷。最前面的一部分约长55厘米，有红圈，是典型的八股文。正文之前有万历皇帝的顶天朱批6个大字："第一甲第一名"。

赵秉忠（1573—1626）字季卿，青州府益都县（今青州县）人，出身官宦之家，父亲赵僖官至礼部右侍郎。明万历二十六年（1598），赵秉忠25岁时高中状元，官至礼部尚书，后因秉性刚直，被削职还乡，53岁含恨而死。

代广东有个秀才，考中时98岁。这个年龄，本来是可以恩赐举人，但老同志不服输，终于在乾隆五十一年（1786）考中举人。老同志身体好，活了120岁，生有23个儿子、12个女儿，有孙子29个，曾孙38个，玄孙2个。

俗话说："皇帝的女儿不愁嫁。"状元有才毋庸置疑，但让皇帝将女儿嫁给一个老男人，或是中年"油腻男"，应该不太可能。

没有年轻点的状元？当然有的。历代状元可考者，自唐高祖武德五年（622）的孙伏伽，到清光绪三十年（1904）的刘春霖，共有592人。年轻点的状元：宋代寇准20岁，欧阳修24岁，范仲淹27岁；明代费宏20岁，周延儒21岁。但要知道，20岁结婚，在古代就已经是"晚婚"了。

除了年龄这道坎，清代就更特别些：满汉之间不通婚。清代状元有114人，汉人就有111人，所以这97%的状元就与皇帝的女儿无关。清同治四年（1865），出了一个满人状元崇绮，理论上可以当"驸马"，但实际上，他反过来当了皇帝的"老丈人"。

中国历史上的驸马状元，可考的只有一位：唐朝的郑颢。

唐会昌三年（843），郑颢高中状元。当时的郑颢早有婚约，打算中状元后迎娶卢家的千金。可是，这么年轻英俊的状元，皇上看中了，非要将掌上明珠万寿公主嫁给他。郑颢不乐意，唐宣宗让宰相白敏中去做思想工作。白敏中是个老状元，办事老练，新状元哪是老状元的对手，白敏中成功完成了领导交办的任务。郑颢娶了万寿公主，人人都羡慕的婚姻，可实际上一点都不幸福，郑颢一想就来气，多次弹劾老媒人白敏中。唐宣宗心里明白：你小子这是还有恨呢！所以，当了白敏中的"保护伞"。

历史上，皇帝的女儿都嫁给了谁？明太祖朱元璋为了笼络良将，将16个女儿全都嫁给了勋臣子弟，其子孙们也基本上如此，驸马中根本没有状元。清代的公主和格格们，大多嫁给了蒙古贵族，仅科尔沁部与清廷的联姻就有130人次。如果说公主们的去向有什么共性，大概一是献身王朝的"国防"，二是献身王朝的"外交"，皇帝对"才子佳人"的故事不感兴趣。

状元文化，现实意义究竟何在？历史的意义，在于镜鉴。正如意大利历史学家克罗奇所言："一切历史都是当代史。"状元不是用来娱乐的，《女驸马》唯一编对的一点，就是考状元是为了解决"就业"问题，而不是为了"升学"问题。一代又一代学子为状元梦而奋斗，状元梦实现之际，即是人生崭新的开始，"状元文化"也由此呈现出现实意义。

第一章 /14/ 状元与暴君

一·昏君的发明 /15
二·女皇的智慧 /21
三·状元有点乱 /30
四·状元的面孔 /60
五·文盲的文化 /68

第二章 /72/ 状元与天赋

一·状元血脉 /73
二·天赋异禀 /78
三·没有一个环节被耽搁 /81
四·一个人的考场 /92
五·择校复读 /100

第三章 / 状元与考神 /114

一·感恩的心 /115
二·各路考神 /118
三·真正的考神 /126
四·学霸的冲刺 /130
五·金榜题名 /134

第四章 / 状元与奇葩 /140

一·状元聪明得像个傻子 /141
二·状元「陈世美」/146
三·状元曾是「高考移民」/151
四·花榜状元 /157
五·大江东去 /162

第五章 / 170
状元比谁都精明

一·状元与太监 /171
二·状元与皇帝 /176
三·砸锅 /182
四·一个都不准跑 /190
五·状元还价 /194

第六章 / 198
状元比谁都自负

一·状元的"现任"与"前任" /199
二·凉透脊梁的一餐饭 /203
三·"红包"来了 /207
四·陌生"好友" /211
五·"天字号"难题 /214

第七章 /220 状元比谁都坎坷

一 · 阳谋与阴谋 /221
二 · 形势蛮好 /232
三 · 在劫难逃 /234
四 · 死里逃生 /237

第八章 /244 状元毕竟是状元

一 · 「十三陵」的斗争 /245
二 · 一起哭吧 /252
三 · 又是太子 /256
四 · 开刀的艺术 /258
五 · 状元不是万能的 /261

结语 /266

参考书目 /268

第一章 状元与暴君

中国是个文明古国，这种文明显然是广义的，包括了经济、政治、文化诸多方面。

文明的进步离不开重大发明的推动，科举制度的发明也是其中一项。这种文官制度的顶层设计，肯定有帝王的重大贡献。

一 昏君的发明

以史实评判，隋炀帝杨广是个有性格缺陷的人。当上皇帝后，什么大事都要干，改革上也想大显身手。但毕竟年轻，能力、水平不足以支撑，各种大事业玩到崩盘。这时，杨广的性格缺陷全部暴露：他不是积极应对，而是破罐子破摔，一下子扑到美女、美酒上去了，偶尔摸着自己的脑袋傻笑，直到脑袋被人割掉。

但是，坏人专门干坏事吗？也不尽然。

中国的政治文明，在隋炀帝的改革中是有重大突破的。科举制度的发明，打破了阶层固化的桎梏，这种新的选官制度，自隋而起，为中国历代沿袭，甚至被当作西方文官制度的源头。

唐人封演《封氏闻见记》云："炀帝即位，复兴教诱。"

这是什么意思呢？就是办学校。杨广继位后，即发布诏书："君民建国，教学为先，移风易俗，必自兹始。"按照赵毅《大业略记》、马总《通历》的说法，杨广将父亲杨坚给害死了，这明显不对。但是，杨广将杨坚废除的国子监、太学及州县学恢复过来，这明显又干对了。

杨广在办学的路上继续向前，大业二年（606），杨广增设进

隋炀帝画像 选自《历代帝王图卷》，传为唐阎立本绘，美国波士顿美术馆藏。隋朝的第二个皇帝。图中的杨广外貌虚浮，身躯萎靡，与史书记载『美姿仪，少敏慧』相呼应。仁寿四年（604）七月，杨坚病重，驾崩于大宝殿，杨广继位，称为隋明帝（后被唐高祖李渊谥为炀皇帝，所以后世称其为隋炀帝）。杨广继帝位后，进行了开运河、巡张掖、征高丽等一系列活动，最终于公元六一年引发民众乃至贵族大规模的叛变士科，以考政论文章为主，选择"文才秀美"的人才。至大业三年（607），考试科目增至十科，"文武有职事者，以孝悌有闻，德行敦厚，节义可称，操履清洁，强毅正直，执宪不挠，学业优敏，文才秀美，才堪将略，膂力骠壮十科举人。"大业五年（609），杨广又下诏："诸郡学业该通，才艺优洽，膂力骠壮，超群等伦，在官勤奋，堪理政事，立性正直，不避强御，四科举人。"

分科选举人才，到朝廷干什么？当然是当官。这样选择官员，也算"发明"？当然算，因为以前官员录用的方法，并不是这样的。

中国古代官制非常复杂，简而言之：夏、商、周时代，实行的是"世卿世禄制"，依血缘亲疏定等级尊卑和官爵高下。"龙生龙，凤生凤"，指的就是这种世袭，一个人将来能当多大的官，完全靠"爹"，这官就是生出来的；秦代增加按军功授爵，这对世袭是个突破，将来当多大官，跟自己发生了关系；两汉出台了察举制和征辟制，在秦代的基础上又开了一道察举人才的口子；魏晋南北朝时期，"九品中正制"出炉，放权地方推举人才，但品评的内容，依然首先考量"家世"。

隋代以前的千余年里，中国的选官制度，不断由血缘标准向人才标准转变，但都没有摆脱"人"的因素。人，总是有情感与好恶的，没有一个客观标准，都是受情感或利益等因素支配，荐举者完全可能把一个"白痴"说成"长得白"，把酒囊饭袋说成满腹经纶，无法保证公平、公正。

东晋陶侃，"少时孤贫"，本来没有当官的机会。陶侃的母亲特别"会来事"，有一天，鄱阳孝廉范逵路过门口，陶母热情招呼，盛情接待。陶家接待经费不足，陶母剪下自己的头发，凑钱买肉沽酒。酒肴

陶侃母 明，《列女传》插图，仇英绘。陶侃的母亲湛氏是豫章新淦人，早年被陶侃的父亲纳为妾。生下陶侃后，陶家更加穷困，湛氏每日辛勤纺织供给陶侃日常所需，并要他结交才识高的朋友。图中讲述的是以孝闻名的范逵到陶家投宿。当时大雪纷飞，陶家已无粮草，而范逵的马仆甚多，陶侃非常为难。湛氏悄悄地剪下自己的头发卖掉，买回了几斛米，又把自己睡的干草铡碎喂马。事后范逵感叹道："非此母不生此子。"

丰盛，范逵"乐饮极欢，虽仆从亦过所望"。生猛海吃了陶家一顿，范逵实在不好意思，正好自己有"推荐"资格，便向庐江太守张夔推荐陶侃，让其做了"枞阳令"。其实，这个时候的范逵，并不太了解陶侃，只是为了还一笔人情债，才做出荐举陶侃的决定。

杨广始建的进士科，虽然与后来的科举制度有一定的差距，但已具备了科举制度的两个基本特征：以考试定成绩，以成绩定录取。人为的因素，以制度手段被排除在外。客观上，它又打破了由贵族子弟垄断官位的局面，打通了底层上升的通道，是中国古代最伟大的制度创新。这个时候，再请考官吃得昏天黑地，跟录取不录取，已经关系不大了！

剑啸阁批评秘本出像「隋史遗文」插图

清，袁于令编著。袁于令曾号剑啸阁主人，所以此书有"剑啸阁批评秘本"之称。隋史遗文所演历史从隋文帝陈平开始，至大唐统一为止，展现了隋末大动乱的历史画卷。书中揭露了隋炀帝弑父杀兄、霸占父妃、征高丽、起东都、筑西苑、造龙舟等暴行；最终引发了隋末民变。但小说并没有将隋炀帝和李世民当作主角，而是把秦叔宝当作贯穿始终的主要英雄人物。值得一提的是，隋史遗文一书中所描写的不少人物和事件，大都可以在隋、唐两代的正史上找到依据

二 女皇的智慧

隋代有科举,却找不到状元。注意:是找不到。

仅十几年工夫,隋炀帝连自己都玩没了,哪里还找得到状元资料?

能够找到的,是明人徐应秋的《玉芝堂谈荟》、清人徐松的《登科记考》。在这些著述中,能找到唐代的一批状元。最早的一个,是唐高祖武德年间的进士科状元孙伏伽。

孙伏伽(?—658),贝州武城县(今德州武城)人。孙伏伽在隋朝是万年县(今西安境)法曹,相当于法院院长兼公安局局长。隋朝被推翻,"孙院长"失业,转投大唐。武德五年(622),朝廷招考,孙伏伽一举夺得第一。没有更早的科举史料,孙伏伽便算是中国科举史上的第一位状元。

孙伏伽确实很有水平,当年是"县法院院长",后来升至"最高法院院长"(大理寺卿)。

唐代的科举,基本上是沿袭隋朝的,但有很多改进。尤其弄虚作假这类的事比较少,但也不是没有。有问题的发生,才会有漏洞的修补,科举制度的完善也是这个道理。

唐天宝二年(743),张奭高中本科状元。张奭的父亲张倚是"最高检察院检察长"(御史中丞),出了这么大的喜事,官员们都去恭贺。原蓟县县令苏孝蕴对张奭很了解,心想这人水平不是一般地差,怎么可能高中状元呢?

唐玄宗

唐玄宗 选自古今君臣图鉴。李隆基,在位44年,是唐朝在位时间最久的皇帝。在位初期,励精图治,政治比较清明,社会安定,经济发展,文化繁荣,国势强盛,史称「开元盛世」。考试「交白卷」的典故就是源于唐玄宗殿试状元。

既没有依据，实力与对方又不在一个层次上，苏孝蕴便找了一个大人物——平卢节度使安禄山。安禄山与唐玄宗、杨贵妃很熟，直接将此事举报给了唐玄宗。

唐玄宗一听就来气了。正好唐朝科举加了复试程序，复试时，唐玄宗亲自坐在考场，要看看这些通过预赛的家伙，究竟有几个是冒充的"水货"！

皇帝亲自监场，"状元"张奭彻底慌了，手中的试卷颠来倒去。一整天，张状元竟没有写出一个字来，最后红着脸递上了一份自己都不满意的"白卷"。

"交白卷"，就是这么来的。

科场舞弊后果是很严重的，"状元"张奭的父亲张倚，主考官苗晋卿、宋遥，全部被降职，且调出中央机关，贬到外地。

《唐会要》中还记载了一起长庆元年（821）的"科场案"。该科主考官是礼部侍郎钱徽，考试之前，西川节度使段文昌给钱徽写条子，推荐请予关照的考生。考试揭晓，段文昌推荐之人均未被录取。再看录取名单，有谏议大夫郑覃之弟郑朗、宰相裴度之子裴撰，段文昌一看火气就上来了：主考官是狗眼看人低，嫌弃老夫"节度使"的官小啊！

段文昌向穆宗书面实名举报，说这次考试有严重问题。有人提醒钱徽，说段文昌举报你有问题，实际上是他有问题，你手上不是有段文昌的条子吗？把这条子送给皇帝，让他吃不了兜着走！

钱徽很坦然，说私人信件属个人隐私，将个人隐私捅到皇帝那里，哪是君子干的事情？说完，一把火将条子烧了。

穆宗很重视此事，复试时特地挑了两大才子王起、白居易去主持。复试的结果，淘汰13个。但宰相裴度之子裴撰，仍然过了复试关。主考官钱徽，被贬为江州刺史。

复试的结果是不是就公正呢？也不一定，王起、白居易到今天都是名人，但官场与文艺圈不是一回事。王起与举报人段文昌交情不浅，白居易的诗写得好，参与官场争斗水平也不低。这起"科场舞弊案"，实际上是一场官场争斗，所以《资治通鉴》也将这个案子收了进去。

唐代的科举，人为因素依然不少。

孟郊在诗中是这样写大唐科举的："昔日龌龊不足夸，今朝放荡思无涯；春风得意马蹄疾，一日看尽长安花。"

孟郊 贞曜先生

选自古今君臣图鉴。"昔日龌龊不足夸，今朝放荡思无涯；春风得意马蹄疾，一日看尽长安花。"这也是成语"走马看花"的由来。孟郊，字东野，别名贞曜先生，诗囚。湖州武康（今浙江德清）人，孟浩然之孙，46岁（一说45岁）始登进士第，有诗《登科后》

孟郊家里比较贫穷，46岁考中进士，分配到溧阳担任主管社会治安的"副县级干部"（县尉），虽说不是太理想，但一夜之间天差地别的变化还是有的。孟郊对鸡鸣狗盗的事兴趣不大，经常骑着毛驴游山玩水。如果没有科举之途，何来"春风得意"？

科举制度隐含的巨大利益，必然催生一群人铤而走险。既然如此，唐朝的科举舞弊案为何又很少呢？

不是唐朝人厚道，而是唐朝很快有了新的科举制度出台。想铤而走险的人，一时还没想出应对的绝招。

在隋朝科举制度的基础上，唐朝有较全面的制度完善。也因为这一点，不少学者认为科举起源于唐朝。

唐朝科举制度创新，最突出的是武则天。

武则天是中国历史上唯一的女皇。武则天对科举制度有什么贡献呢？至少有这样几个方面：一是首创科举考试的"殿试"制度，即复试。载初元年（690）二月十四日，武则天亲自"策问贡人于洛成殿"。考生亲眼目睹女皇，既有一种"天子门生"的光荣感，同时压力也大了。前面讲的两个唐代"科举舞弊案"，都是在复试这个阶段发现的。即使没有人举报，舞弊行为也可能被发现。二是提高进士科的地位，明经科考的主要是经典记忆，进士科考的主要是文才，家里书多，擅长死记硬背的"书呆子"很难被选为人才。三是开创"南选"，对边远的五岭及贵州一带，在人才选拔上给予照顾。四是开创武举，这比秦代的"数人头"进步多了。和平年代，想立军功也没机会，但军事人才还是需要的。大唐江山差一点被安禄山闹翻，救了大唐一命的名将

郭忠武 选自晚笑堂竹庄画传。郭子仪，华州郑县（今陕西华县）人，祖籍山西汾阳，历事玄、肃、代、德四帝；封汾阳王，世称郭令公。郭子仪是历史上唯一从武状元升至宰相的人

郭子仪，即由武举进入仕途。后来郭子仪的儿子掌掴皇帝的女儿，皇帝也没怎么计较。

除了制度层面的设计，武则天对科举细节上的考虑也挺周到。关于考试命题，唐代一直考诗歌，所以好的唐诗特别多，所谓"朝为田舍郎，暮登天子堂"，一首诗写得好能一步登天，不得不从鸡叫练到鬼叫。写诗纯粹为了自娱自乐，谁还愿意下死功夫？宋代中止了考诗歌，这诗歌就一天不如一天了，再后来就看得人倒胃口了。武则天说诗歌是个好东西，但工作当中派不上大用场，一定要考杂文。所谓的"杂文"，形式确实很杂，散文、应用文等都包括。"杂文"对公务处

官制科举图

日本早稻田大学图书馆藏。唐代的科举分为常科和制科。常科亦称为「贡举」。每年一次大考。制举也称「诏举」，由皇帝主持考试，并非制度化的考试，全凭皇帝心情而定。在官制上，唐朝设中书、门下、尚书三省，长官同为宰相。中书出令，门下封驳，尚书行政。门下省为宰相议政决策之所。门下省长官为侍中，掌献纳谏诤等事，有封驳之权。对诏敕认为不当者，驳正封还。

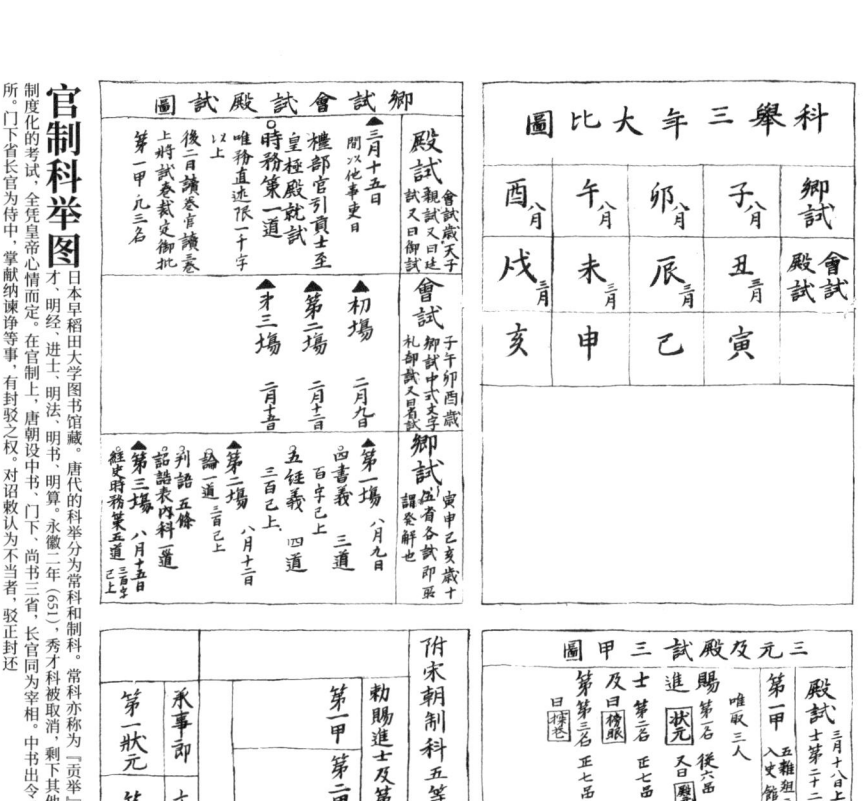

理很重要，写份判决书，若非要写成诗歌显示才气，怎么看都有点不太严肃。

科考技术层面上的一项措施，就是实行"糊名法"。以前考生试卷上的姓名是公开的，如果全是陌生考生，考官是能做到相对公正的。但是，考官要是看到熟悉的考生名字，不给他的试卷多评几分，日后也不好意思见考生家长啊！武则天创立"糊名法"，试卷遮掩考生姓名后再批改，阅卷官徇私舞弊的可能性直线下降。这一措施，一直沿用到现在的"高考""公招"等各种考试。在"密封线"外写姓名，试卷肯定是要判"零分"的。

此外，还有"搜身制"。科举都是闭卷考试，弄一大麻袋资料进考场，那不成了开卷考试了吗？科考的利益太大，考生胆子相应就大，不敢扛一麻袋资料，夹带一两张或一两卷资料的人还是有的。武则天规定，考生进考场前，由兵勇搜身，从头搜到脚。再后来，改成考场边设个"更衣室"，考生要把衣服全脱光。《女驸马》中的冯姑娘，就算此前遇到了一群严重渎职的糊涂官，此时举着"准考证"排队进考场，头上的发辫都要被解开盘查。负责搜身的是士卒，"粗人"做事一般都不会文明。况且，冯姑娘还是发育良好的"美女"。这一搜，性别问题怎么办？

女皇心思如此缜密，但科举考试中的漏洞，全都堵上了吗？

偽周皇帝武曌

武氏唐太宗才人必賜號武媚貞觀末年太
史占云女主昌民間後高宗立為后稱二聖及
中宗嗣位廢中宗而立睿宗實亦囚之竟
改國號周自名曌稱聖神皇帝性忍鷙
淮濫以爵祿收天下人心而不稱職者或即加刑
誅明察善斷故當時英賢亦競為之用

武曌 选自《无双谱》。通称武则天或武后，武则天是中国历史上唯一获普遍承认的女皇帝，前后掌权40多年。她建立的王朝，史称武周。武周仍然袭用唐制，武则天既是两个唐朝皇帝的生母，死前又恢复唐朝，故此历史上一般不把武周视为单独的朝代，惯例上把武周计入唐朝帝系，武周时期计入唐朝统治年数。光宅元年（684）二月，武后废唐中宗另立唐睿宗，自己临朝称制，改名曌（zhào）。武则天首创科举考试的殿试制度

三 状元有点乱

虽然武则天完善了科举制度，但科举考试离一帆风顺还早得很，其中的复杂因素多着呢！

唐文宗李昂是个儒雅的皇帝，上任后也想把事情做好，先从自己做起，一次性放出宫女三千余人。最头痛的是宦官势力太强大，唐文宗不得不安排心腹发动"甘露之变"。结果，宦官势力没消灭，却把自己变成了阶下囚。

文宗末期，权倾一时的是神策中尉仇士良。裴思谦文化水平太一般，又太想弄个状元帽子，便找仇士良帮忙。仇士良亲笔写了推荐信，说你去找主考官高锴吧！高锴拿着仇士良的信，正琢磨如何把仇士良的请托打发掉，裴思谦开口了：把我定状元就得了！

状元，还有比状元更靠前的吗？

高锴一听，气得不轻：拉倒吧，你也不掂量掂量自己！

裴思谦没得逞，第二次又带着仇士良的信去找高锴，见面即说：仇大人说了，你也不掂量掂量自己？！

当时，状元人选已经定好了。得罪不起仇太监，高锴只好把状元改成裴思谦。

裴思谦中状元，好歹还找了人。陆扆中状元，连人都不用找。

黄巢起义，陆扆随着唐僖宗四处逃命。逃到兴元（今陕西境内）时，陆扆对宰相韦昭度说：今年是科考之年，这可是大事。韦昭度听后，觉得有道理，于是就在兴元举行科举考试。草草考完三场，考官评完试卷，接下来要写皇榜。陆扆说：这差事苦，我来！

唐太宗纳谏图

唐，阎立本绘。

题徐仲煦阎立本画

唐太宗纳谏图

太宗尝以天日表纳谏受言忠謇小
郑公凛以社稷日抗论输忠谏不挠
杨祚会合一堂上贤范英姿屹相向
後来阎相写其真至今见君睿伟
弁黼黻常煌而尧舜龙筐崇寰衷
折牘上前追诵志睿义颜孜风齐

中国第一位状元叫孙伏伽，唐高祖武德五年（622）壬午科状元。唐太宗李世民时，孙伏伽为大理少卿，曾因劝止唐太宗的打猎驰射行为而得到太宗的高度赞赏，受封谏议大夫

韦昭度 选自碧血录。图中居中的即为韦昭度。咸通八年（867）进士。唐僖宗巡察（西逃）时，韦昭度分别以翰林学士、同中书门下平章、司空等身份承旨跟从。在巡察途中，曾举办科举。图中与朱全忠同跪者为王行瑜，以侍中兼中书令擅权，要求担任尚书令，被韦昭度阻止。王行瑜大恨，联合李茂贞及镇国节度使韩建攻入长安，杀韦昭度。

写着写着，陆扆觉得自己这一路也没立功，回到京城也不会有什么奖励。于是，果断地在状元的位置写上自己的大名。

王朝更迭，科举制度时常被破坏，乱世更甚。

宋代的科举，较唐代又有新的规范。首先，是确定定期开考，三年一科；其次，是明确分级举行，科考分为三级：解试(州试)、省试(礼部试)和殿试。这两者，皆为明、清二朝所沿袭。

制度再完善，也不等于没有奇葩。

首先这宋代的状元就奇葩——大家都认为"状元"是第一名，实际上宋代的状元是三个，当时前三名都叫"状元"。后人觉得这样有点乱，强行将它改了。

再则，录取也不是太规范。北宋著名的宰相寇准，自己本身即是科举出身。北宋那会儿，经济、文化北方比南方强。谁强，谁就有话语权。寇准自己是北方人，优越感特强，看南方人就有点像城里人看乡下人。有一年科考，开出的状元是个南方人，寇准一看就像吃了只苍蝇，用手指着同僚说：改，改，改！

改谁呢？挑了一个北方考生做状元。寇准一看，手一挥：行！

不按制度办，哪里有公平？

北宋的郑獬，就是靠制度成为状元的。

郑獬是国子监的监生，平时学业相当出众，人也不太谦虚。有一回国子监组织考试，郑獬考了个第五名。国子监里高手如云，第五名算是够出色了，郑獬却对此大为不满。郑獬给"校长"(国子监祭酒)写了封信，大发牢骚，抱怨"李广事业，自谓无双；杜牧文章，止得

第五"。郑獬越写越激动,最后等于在骂"校长"。

堂堂国子监祭酒,哪能受考生的气?"校长"心想,我现在也不跟你这小东西计较,马上要举行殿试了,本"校长"正好担任考官,到时有你好看的!

殿试结束,"校长"评卷时就留心哪份是郑獬的。不过这事有点难,试卷都是"糊名"的,不好判断哪份出自郑獬。好在"校长"对学生比较了解,根据文章的风格判断,"校长"认为其中一份就是

寇准

选自明代人镜阳秋。北宋名相。太平兴国年间进士。景德元年(1004),与参知政事毕士安一同出任宰相。澶渊之盟时,寇准力主真宗亲征,反对南迁。宋太宗太平兴国五年(980)进士张咏在成都,听说寇准要当宰相了,对手下说:"寇准天纵奇才,治理国家是把好手,只可惜学术不足。"后来,张咏与寇准相遇,饯别时,寇准问:"何以教准?"张咏说:"霍光传不可不读也。"寇准不明白张咏说这话的意思,回家后,找出霍光传阅读,读到"不学无术"四字时,才明白"张公原来说我不学无术。"

郑獬的,毫不犹豫地批上"拙劣"二字。

神不知,鬼不觉,郑獬也不能怪"校长"下手太狠。

阅卷完毕,拆封后发现,状元竟然是郑獬。更可怕的是,"校长"自己也给郑獬评了个"优"。那位当了冤大头的考生,"校长"也不好意思把卷子捡回来看了。

郑獬的状元,在于幸亏有了个好制度。但是,到了南宋,情形跟晚唐就有点像了,各种政治势力的斗争,搅得科举考试百孔千疮。

状元,什么时候才不惹是生非呢?

司马光 选自御世仁风。图中是司马光与宋英宗讨论科举的事情。北宋,"西北之士"在科举制度中严重失衡,司马光提出"逐路取人",即分省定额录取;而欧阳修提出"凭才取人",即人人平等。宋英宗最终采纳了欧阳修的意见。后来,司马光主政时,又开始"逐路取人",齐、鲁、河朔诸路都与东南诸路分别考试

唐代诗人进士

隋炀帝开科举时，有两科：一称进士，一称明经。至唐高宗时，进士成为科举考试的最高功名。科举考试中，在"殿试"中，录取士子分为三甲，统称进士。其中一甲赐"进士及第"的称号，共三名，第一名叫状元，亦称鼎元，第二名叫榜眼，第三名叫探花，三者合称"三鼎甲"。二、三甲第一名皆称"传胪"，赐"进士出身"的称号，若干名；三甲赐"同进士出身"的称号，若干名。民间通俗的讲法，全部叫"进士及第"。唐代以诗取士，诗风非常普遍，很多诗人是进士出身，《全唐诗》收有诗作的状元有王维、贾至、常衮、柳公权、白敏中、裴思谦等人。我们特选一组唐代诗人进士的图，加以说明

上官仪

碧血录插图。贞观初年进士。唐高宗时宰相。麟德元年（664）上官仪被许敬宗告发与废太子梁王李忠谋反，获罪被诛，家产和人口被抄没。上官仪的诗清绝隽永，绮错婉媚，颇见风骨，被当时的士大夫所效仿，以"上官体"传世

王勃

选自古圣贤像传。唐高宗麟德三年（666）进士。王勃只活了二十几岁。死后被海者尊为"水仙王"。《旧唐书》记载："六岁解属文，构思无滞，词情英迈。"王勃写离别怀乡之作较为著名

贺知章

选自《古今君臣图鉴》。武则天证圣元年（695）中乙未科状元。贺章夸李白："子，谪仙人也。"从此人称李白为"诗仙"。贺知章写有诗《咏柳》《回乡偶书》等。贺知章能草书和隶书，与书法大师张旭过从甚密，时人以"贺张"称之。

杨炯

盈川果王卢骆为四杰，尝闻吾悦在卢前耻居王后愧在卢前。盈川后，董之者董融李峤张说谓勃文章宏逸有绝尘之姿固非常流所及烟与照邻可以企及说谓杨盈川文思如悬河注水酌之不竭既优於卢不减王其称也居王後信然愧在卢前谦也

选自《晚笑堂竹庄画传》。唐高宗上元三年（676）应制举进士，曾任盈川县令，后人称为"杨盈川"。二岁时便被举为神童，擅长写边塞诗，气势轩昂，风格豪放

张九龄

选自《镜阳秋》。武则天长安二年（702）进士。唐代唯一书生出身的宰相，因耿直温雅、风仪其整，时被人誉为"曲江风度"，称《张曲江》。诗句"海上生明月，天涯共此时"唱绝千古

王摩詰

王维 选自《晚笑堂竹庄画传》。唐玄宗开元九年（721）状元。盛唐山水田园派诗人、画家，外号「诗佛」。与孟浩然合称「王孟」。王维很钦佩维摩诘，所以自名为「维」，字「摩诘」。

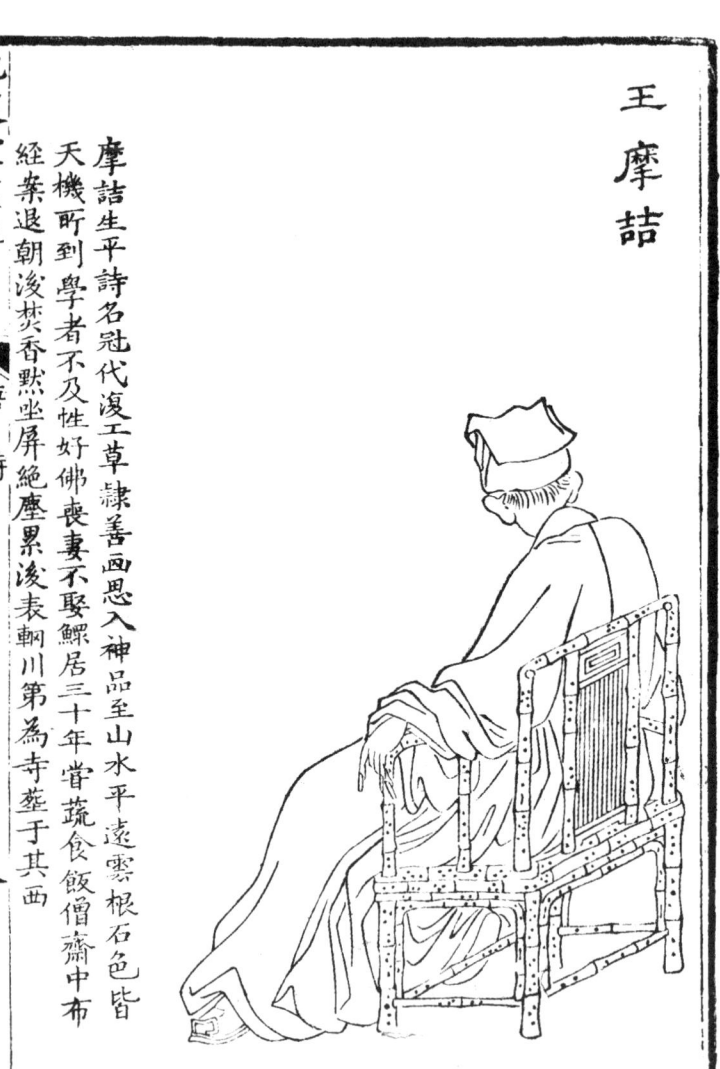

摩詰生平詩名冠代復工草隸善畫思入神品至山水平遠雲根石色皆天機所到學者不及好佛喪妻不娶鰥居三十年嘗蔬食飯僧齋中布經案退朝後焚香默坐屏絕塵累後表輞川第為寺葬于其西

劉長卿

文房有集十卷高仲武論其詩體雖不新奇甚能鍊飾又謂其足以籋揮風雅至謂其思銳才窄識者不以爲然元裕之曰學詩家有白首不能道長卿一句者

劉長卿 選自晚笑堂竹莊畫傳。唐玄宗開元二十一年（733）進士。擅長五言近體詩，自稱爲「五言長城」

王昌龄 选自唐诗画谱。唐玄宗开元十五年（727）进士。著名边塞诗人。与李白、高适、王维、王之涣、岑参等人交往深厚。其诗以七绝见长，尤以边塞诗最为著名，有「诗家夫子」「七绝圣手」之称

望月　王昌龄

聽月樓高太清南山對
戸分明昨夜姮娥覷影
嫣然笑裡傳聲

錢唐十三童沈維垣

岑参 选自唐诗画谱。唐玄宗天宝三年（744）进士。边塞诗人。与高适并称「高岑」

題僧讀經堂　岑参

結室開三藏焚香老一
峰雲間獨坐卧只是對
杉松

俞道隆

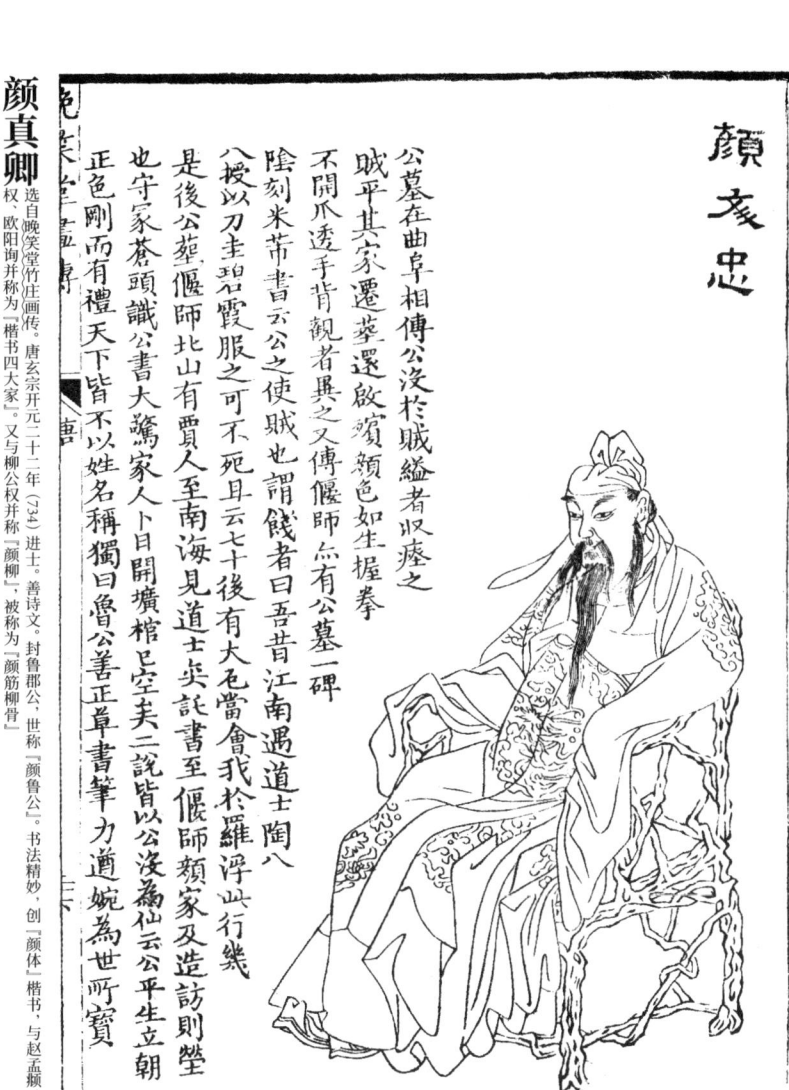

颜表忠

公墓在曲阜相傳公沒於賊縊者收瘞之
賊平其家遷葬還啟殯顏色如生握拳
不開爪透手背觀者異之又傳偃師亦有公墓一碑
陰刻米芾書云公之使賊也謂餞者曰吾昔江南遇道士陶八
八授以刀圭碧霞服之可不死且云七十後有大厄當會我於羅浮此行幾
是後公藝偃師北山有賈人卜日開壙棺已空矣二說皆以公沒為仙云公平生立朝
也守家蒼頭識公書大驚家人下目開壙棺已空矣二說皆以公沒為仙云公平生立朝
正色剛而有禮天下皆不以姓名稱獨曰魯公善正草書筆力道婉為世所寶

颜真卿 选自《晚笑堂竹庄画传》。唐玄宗开元二十二年（734）进士。善诗文。封鲁郡公，世称"颜鲁公"。书法精妙，创"颜体"楷书，与赵孟頫、柳公权、欧阳询并称为"楷书四大家"。又与柳公权并称"颜柳"，被称为"颜筋柳骨"

張真源令

张巡 选自《古今君臣图鉴》。唐玄宗开元末年(741)进士。张巡身高七尺,须髯长得如同神像一般,每当发怒须髯尽张。润笛是唐代诗人张巡创作的一首五言律诗

胜概纷然如此 高适

塞草腐袖楚宫粒物步

闲逢逐束缘自拍玉钗

敲砌竹清影一虚月如霜

士老甫

高适 选自唐诗画谱。唐玄宗天宝八年（749）进士。著名边塞诗人，与岑参、王昌龄、王之涣合称『边塞四诗人』。

江行　　钱起

秋寒鹰隼健逐雀下云空知

是江湖阔无心击塞鸿

杜大绥

钱起 选自唐诗画谱。唐玄宗天宝十年（751）进士。早年数次赴考落第，曾任考功郎中，故世称『钱考功』。大书法家怀素和尚之叔。

郎士元 选自唐诗画谱。唐玄宗天宝十五年(756)进士及第。郎士元与钱起齐名，世称"钱郎"，诗名甚盛，当时有"前有沈宋、后有钱郎"之说。

柏林寺南望

溪上遥闻精舍钟
月微经度深松草坐
青霭云犹护画山前
南四五峰新雨霁青

李益 选自唐诗画谱。唐代宗大历四年(769)进士。有华山南岳、入华山访隐者经仙人石坛等诗传世。唐人传奇小说《霍小玉传》中记载的便是李益负心薄幸、辜负霍小玉的故事。

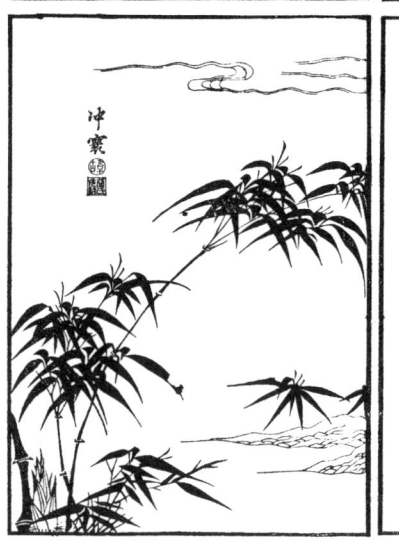

凉州曲　　李益

凉河东流爽限春隋家宫
阙已成尘行人莫上长堤
望凤起杨花愁杀人
潼城副希弟书

顾况

至德二年(757)进士。新乐府诗歌运动的先驱。白居易初至长安,带着自己写的诗去拜访顾况。顾况看到白居易的名字后,开玩笑说:"长安米贵,估怕居之不易。"接着读诗:"离离原上草,一岁一枯荣。野火烧不尽,春风吹又生。"顾况认真起来,说:"有这样的诗,居即易矣。"白居易因此声名大振

顾况书像

陆贽

选自《古今君臣图鉴》。唐代宗大历八年(773)博学宏词科进士。唐德宗宰相。《全唐诗》存其诗。博学宏词科由唐开元十九年(731)始设,称"博学宏词",用来选拔学问渊博、文辞卓越的人。宏词科试诗也很严格,其对偶押韵必须合格,一般情况也不允许用字重复,清乾隆帝时,因"宏"与"弘"(弘历)相近,故改为博学鸿词。

陸宣公

武元衡

选自碧血录。唐德宗建中四年（783）进士。武则天曾侄孙，唐德宗时宰相。图中跪着的为王承宗与张晏。元和十年（815）淄青节度使李师道派遣刺客将武元衡杀死于上朝途中，但朝野却认为是王承宗指使张晏所为。武元衡精于五言诗，被刺前夜曾作《夏夜作》："夜久喧暂息，池台惟月明。无因驻清景，日出事还生。"被视为诗谶。武元衡号称唐朝第一美男子，曾与美女诗人薛涛有绯闻

同中書門下平章事武元衡

王承宗

張晏

裴度

卷二三 唐

裴度 选自《历代画像传》。唐德宗贞元五年（789）进士。贞元八年（792）登博学宏词科。历仕穆宗、敬宗、文宗三朝，数度出镇拜相。功封晋国公，世称"裴晋公"。元代关汉卿写有裴度还带的故事，故事中裴度拾宝不昧因而救人性命，最终得中状元。晚年与白居易、刘禹锡等唱酬甚密

韓文公

公嘗官潮州刺史潮人廟祀公東坡作碑中云文起八代之衰而道濟天下之溺忠犯人主之怒而勇奪三軍之帥此豈非參天地關盛衰浩然獨存者乎又曰公之精誠能開衡嶽之雲而不能回憲宗之惑能馴鱷魚之暴而不能弭皇甫鎛李逢吉之謗能信於南海之民廟食百世而不能使其身一日安於朝廷之上蓋公之所能者天也其所不能者人也

韓愈（諫迎佛骨表。被貶為潮州〔今廣東潮州〕刺史后寫祭鱷魚文。韓愈與柳宗元是当时古文運動的倡导者，合称「韓柳」）

选自晚笑堂竹莊画传。唐德宗元八年（792）进士。韓愈至7岁才开始读书，13岁能写文章。貞元十八年（802），著《師說》。元和十四年（819）作

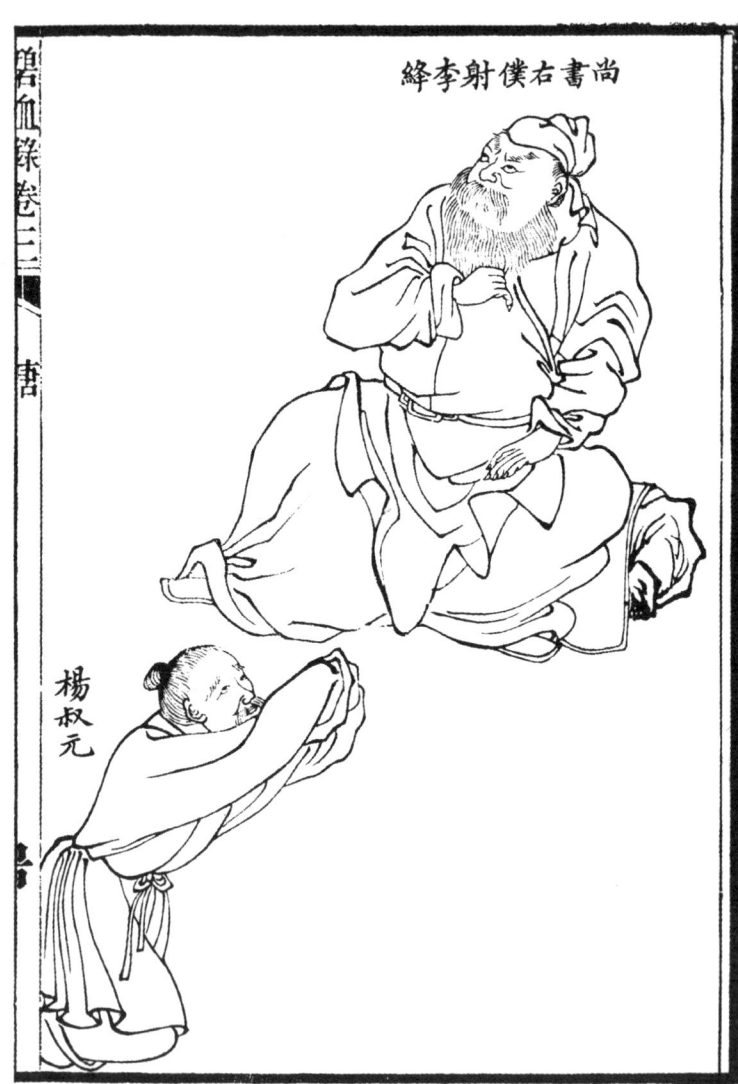

李绛 碧血录插图。唐德宗贞元八年（792）进士。元和六年（811）入阁拜相。《全唐诗》录其诗两首、联句两首

柳宗元

选自《晚笑堂竹庄画传》。唐德宗贞元九年(793)进士,年仅21岁。唐德宗贞元十四年(798),26岁的柳宗元参加了博学宏词科考试,并中榜。唐宋八大家之一。与韩愈同为中唐古文运动的领导人物,并称"韩柳"。柳宗元在永州生活了10年,写下了《永州八记》。

韩文公评公文云雄深雅健似司马子长崔蔡不足多也葬时为铭其墓又摭其尤杰廉悍柳州罗池建庙祀公文公後作碑辞颂其宛而为神云

柳二州

唐文

刘禹锡

选自《晚笑堂竹庄画传》。唐德宗贞元九年（793）进士，与柳宗元同榜。后又举博学宏词科，授太子校书，升监察御史。与白居易交情甚笃，合称「刘白」。白居易称他为「诗豪」。有名篇《陋室铭》传世。

夢得素善詩晚鄖尤精嘗與元微之韋楚老在白樂天第各賦金陵懷古詩獨先成樂天覽之曰四人探驪龍子先獲珠所餘鱗爪何用耶於是罷唱樂天與之酬後煩多囘集其詩以眎無在其右者其鋒森然少敢當推為詩豪奬許其警句如雲裏高山頭白早海中仙果子生遲沉舟側畔千帆過病樹前頭萬木春以為在處應有神物護持

元稹 选自古圣贤像传。贞元九年（793）明经。早年和白居易共同提倡"新乐府"。世人常把他和白居易并称为"元白"。

白居易　醉吟先生

白居易，选自《古今君臣图鉴》。唐德宗贞元十六年（800）进士。唐宪宗元和元年（806）才识兼茂明于体用科及第。才识兼茂明于体用科属科举中制科，制科需要皇帝下诏才举行。元和二年（807），任进士考官。白居易作品平易近人，乃至于有「老妪能解」的说法。早年与元稹齐名，称「元白」，晚年与刘禹锡齐名，称「刘白」。有「诗魔」和「诗王」之称。

不负至交

选自《圣谕像解》。图中讲述的是唐朝宰相白敏中的故事。白敏中，长庆二年(822)进士。在故事中，白敏中参加科举时，主考官王起有意把他取为状元，但讨厌他的好友贺拔惎。王起暗中命人告诉白敏中，让他与贺拔惎绝交，白敏中没有答应，所以故事的名字叫"不负至交"。历史上唯一的状元驸马郑颢便是白敏中为万寿公主挑选的。《全唐诗》录白敏中诗二首：《至日上公献寿酒》、《贺收复秦原诸州诗》

贾岛 选自《古圣贤像传》。贾岛做过和尚，法号无本。据说在洛阳的时候因当时有命令禁止和尚午后外出，贾岛作诗发牢骚，被韩愈发现其才华，还俗参加科举，长庆二年（822）进士。著名的典故「推敲」即出自贾岛。姚合与贾岛友善，后世合称「姚贾」，并将二人之诗称为「姚贾诗派」。

许浑

选自唐诗画谱。唐文宗大和六年(832)进士。有诗集丁卯集传世。后人有"许浑千首诗，杜甫一生愁"的评价

雨后思湖居　许浑

前山风雨凉　歇马望秋水
杨柳芙蓉满南渠
秋水香

书林沈鼎新

项斯

会昌四年(844)进士。多次科举落第。会昌三年(843)，项斯谒见时任国子监祭酒杨敬之，得其提携。杨敬之逢人便说项斯，并登进士第。"说项"成为文坛佳话处推荐，使得项斯"诗达长安"，并四

江村夜归　项斯

月落江路黑前村人语稀
几家深树里点火归
渔归

书林皇甫元

杜舍人

杜牧 选自晚笑堂竹庄画传。大和二年（828）进士。同年考中贤良方正直言极谏科。擅长长篇五言古诗和七律。其诗英发俊爽，时人称其为『小杜』。杜牧少年时期写下了著名的讽刺时事的作品阿房宫赋。杜牧曾在扬州任淮南节度使牛僧儒幕中做推官，公事之余，常常流连于声色歌舞场所，牛僧儒派30个兵卒换上百姓服装，跟在后边，暗中保护。后来杜牧追忆这段时期的生活，写诗云：『十年一觉扬州梦。』

牧之为人刚直有奇节自負經濟才畧不為齦齦小謹敢論列大事指陳利病尤切少與李甘李中敏宋刋善其通古今善處成敗甘等不及有樊川集二十卷并注孫武子十三扁其于詩情致豪邁人號小杜以別杜甫楊升卷云律詩至晚唐李義山而下惟杜牧之為欵人評其詩豪而艷宕而麗於律詩中特寓拗峭以矯時獎信然

杜牧以別于杜甫，又与李商隐齐名，人称『小李杜』。

李商隐

选自晚笑堂竹庄画传。文宗开成二年(837)进士。和杜牧合称「小李杜」，与温庭筠合称为「温李」，与同时期的段成式、温庭筠风格相近，且都在家族里排行十六，故并称为「三十六体」。宋代蔡居厚所著蔡宽夫诗话中说：白居易晚年非常喜爱李商隐的诗，曾经开玩笑希望死后能够投胎当李商隐的儿子。后来李商隐儿子衮师出生，李商隐为他取小名叫「白老」。李商隐通常被视作唐代后期最杰出的诗人，其诗风受李贺影响颇深，在句法、章法和结构方面则受到杜甫和韩愈的影响。著名诗作有锦瑟等。

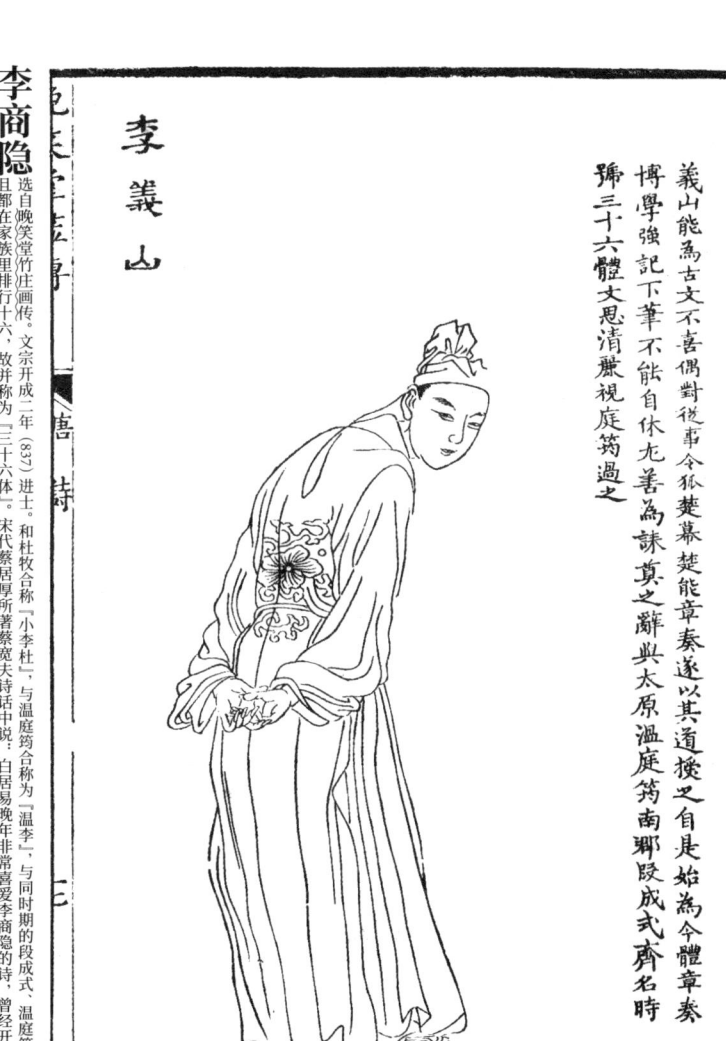

李义山

义山能为古文不喜偶对从事令狐楚幕楚能章奏遂以其道授之自是始为今体章奏博学强记下笔不能自休尤善为诔奠之辞与太原温庭筠南郡段成式齐名时号三十六体文思清丽庭筠过之

四 状元的面孔

南宋的状元日子过得提心吊胆,但真没南宋时,连状元也没了。

元朝初期没有实行科举。真正的"读书无用论",用在元朝初期最为妥帖。汉人中读书的挺多,书读了又派不上用场,这么多文人怎么办?不少文人自谋职业,改行写戏,自己跟自己玩。所以,元代的散文、诗歌都不太出色,戏剧作品(杂剧)则迅速崛起。

文人赋闲,同样是一把双刃剑:自己就业成问题,国家治理水平肯定也上不去。所以,元初,金进士王鹗、孟攀麟等即向元世祖建议恢复科举,但元世祖没吱声。元世祖来自草原,不是没有文化,而是太懂政治:考完试就得发官帽子,与元世荫特权制是相抵牾的。两边的政治制度,是两个不同的版本,兼容不到一块,弄不好要出问题。

从南宋度宗咸淳十年(1274)最后一次科考,至元仁宗延祐二年(1315)第一次开科取士,中国的科举中断了40年。

元朝的科举制度,用的是宋朝老版本,也分三级,仅是名称与宋朝有异,叫作乡试、会试、殿试,这些新的科举名词,为明朝所采用。两宋有进士11万余人,元朝仅有进士1139人,两者完全不成比例。

元朝科举出人意料的创新,是它的考试大纲:程朱理学出自宋代,将其规定为出题范围的,则是元朝。都说古代封建保守,女人必

元世祖

元世祖忽必烈像 选自古今君臣图鉴。拖雷第四子。庚申年三月二十四日（1260年5月5日），忽必烈在部分宗王和大臣的拥立下于开平（后称上都，今内蒙古多伦县北石别苏木）自立为大蒙古国皇帝（蒙古帝国大汗）。至元八年十一月十五日（1271年12月18日），忽必烈将国号由「大蒙古国」改为「大元」，从大蒙古国皇帝变为大元皇帝，大元国号正式出现，忽必烈成为元朝首任皇帝须做到"笑不露齿",比微笑要"露八颗牙"还苛刻,这样的规定其实也出自元朝。

元朝科举中的状元,更有元朝的特点:元朝科考16次,状元却有32人。每科录取状元两人,考进士机会不多,当状元的几率反倒要大些。

其实并不是这么一回事,两个状元,分别录取两种不同类型的考生。

元朝地域广大,民族众多,不同民族文化发展状况不一样。科场如赛场,让48公斤级的与91公斤级的一块打拳击比赛,你这一拳打过去,人家没感觉,他那一拳打过来,你受得了吗?所以,得分重量级。并且,比赛场次也不能相同:考试时,蒙古、色目人考二场,汉人、南人考三场。文化本来是人家的弱项,非要同样凑成三场,浪费时间与人力、物力。

元朝的乡试、会试与殿试,录取时均分左、右两榜,右榜为尊。蒙古人、色目人为"右榜";汉人、南人为"左榜"。殿试右榜,一般以蒙古人为状元;殿试左榜,一般以汉人为状元。色目人、南人可以为进士,成为状元相当困难。

这样处理,有不甚公平的地方,但也不能说完全没有道理。

王朝的特殊性,中国历史上状元的面孔,第一次在元朝变得多姿多彩。元朝的首科状元,左榜状元是张起岩,右榜状元是护都沓儿。护都沓儿是一位蒙古大汉,跟手拿折扇的状元哥,不太容易联想到一块。

元代官吏肖像 元朝的中央一级机构,主要由中书省(总政务)、枢密院(秉兵柄)和御史台(司黜陟)组成。中书省下分左三部(吏部、户部和礼部)、右三部(兵部、刑部和工部)

文化与身材是没有关系的，五大三粗的可能是才子，弱不禁风的可能是文盲。元英宗至治元年（1321），泰不华登上了右榜状元。这位壮实的小伙子，时年仅仅18岁，并且是色目人。

不是说右榜状元非蒙古人莫属吗？政策都是变化的，目前还没有发现哪个政策，从王朝的开国执行到亡国。泰不华是个严重汉化的色目人，很有才华，17岁参加江浙乡试，夺得第一。殿试时又有"政策加分"，中状元一点都不奇怪。

凭借学识，泰不华参与了《辽史》《宋史》《金史》的编修。泰不华还是个有气节的人，担任监察御史，与顶头上司御史大夫脱欢对着干，还把领导给干掉了。后来又弹劾伯颜，气得太后恨不得把他给杀了。太后没有杀泰不华，方国珍将泰不华给杀了——元末方国珍起事，至正十二年（1352）三月，泰不华任浙东道宣慰使都元帅，率兵扼守黄岩澄江，与方国珍水军交战时中槊阵亡。

毕竟政策上有硬性规定，右榜状元只能是蒙古人，或色目人。所以，诸多少数民族的才子只能挤在进士榜里，中国进士的面孔简直是"五彩斑斓"。

元延五年（1318），右榜状元是忽都达儿，进士之中有个人叫塔海，葛逻禄人。塔海的原籍葛逻禄，远在阿尔泰山南部。葛逻禄人后来远徙四方，有的留在新疆，有的去了现在的乌兹别克斯坦，有的则去了土耳其、阿富汗。

元泰定四年（1327），蒲理翰高中右榜进士。蒲理翰，天竺人，神通广大的孙悟空，当年就是打着"出国留学"的旗号，跟随唐僧去了蒲理翰的故乡。在中国一千余年的科举史上,蒲理翰是唯一一位印度人,连印度人都为蒲理翰感到骄傲。

元至顺元年(1330),哈喇高中右榜进士。元文宗很高兴,为啥?这是一位国际友人,哈喇是西域拂林人。拂林是中国史籍对古罗马的称谓,哈喇在中国参加科举考试,太难得了。元文宗赐哈喇金

元文宗皇帝像 选自台湾故宫博物院所藏南熏殿图像。元文宗图帖睦尔是元朝第8位皇帝。文宗大兴文治,共进行过6次科举考试,有97人进士及第

姓，元史上就有了金元素，他是中国科举史上祖籍距中国最为遥远的一位。

元朝的科举史料散佚严重，状元、进士都是从有关著述、家谱及相关文献中搜出来的。直到元顺帝元统元年（1333），元朝的科举史料才显得确凿。

但是，元顺帝要是翻看这一科的进士名单，不当场气死，也得气到吐血——著名的历史人物刘基，民间大神"刘伯温"，就出现在这一科进士名录中。

刘基科考信息，较之今天的"高考考生档案"，一点都不逊色，不妨欣赏一下：

籍贯：贯处州路青田县；

户籍：儒户；

专业：《春秋》；

表字：伯温；

排行：行七；

年龄：二十六；

出生日期：六月十五日；

家庭成员：曾祖濠，宋翰林掌书；祖槐，宋太学生；父□，儒学教谕；母，富氏；妻，富氏；

平时成绩：乡试江浙第十四名，会试第廿六名；

工作安排：授瑞州路高安县丞。

刘基的出现，元朝行将就木的日子也就不远了。

誠意伯劉基

彭蠡湖大戰時伯溫多手麾之連聲呼曰難星過可更舟太祖如其言而更之坐未半晌舊舟已為敵砲擊碎矣然勝負未決伯溫密言於太祖曰可移軍湖口期以金木相剋日決勝太祖從之遂平陳氏

劉基 选自清代晚笑堂竹庄画传。刘基，字伯温，青田县南田乡（今浙江省文成县）人，故时人称刘青田。明洪武三年（1370）封诚意伯，遂又称刘诚意。自幼聪慧过人，敏求好学，据说读书能「七行俱下」。21岁时高中明经科进士。他辅佐朱元璋集中兵力先后灭陈友谅、张士诚等势力，并建议他脱离「小明王」韩林儿自立，同时以「大明」为国号招揽天下义师民心。1367年与制定灭元方略，并得以实现。1370年被授为弘文馆学士。后朱元璋大封功臣，又授命他开国翊运守正文臣、资善大夫、上护军，并封诚意伯。他因辅佐朱元璋成就帝业、开创明朝并尽力保持国家安定而就名天下。朱元璋称其为「吾之子房也」后世将其与诸葛亮相提并论。在民间传说中，他很会占卜，可「前知五百年，后知五百年」，并著有烧饼歌，以向朱元璋暗示大明日后之事，甚至明亡之后数百年的事

五 文盲的文化

元朝的科举培养出了刘基,最终刘基却"跳槽"了,并且卖力地帮"新东家"把"老东家"挤垮。

"新东家"就是明太祖朱元璋。论文化,朱元璋还不如"老东家"元朝的皇帝。太祖早年家里太穷,父母兄弟都饿死了,自己只能当乞丐,接着当和尚。要求人家"读完初中再打工",岂不站着说话不腰疼?

文盲归文盲,千万不要低估文盲的智商!朱元璋以其雄才大略,建立起中国历史上最后一个汉民族王朝。

作为中国政治文明的结晶,科举在明初立即得到恢复,并且建立起了完备的科举制度。"文盲水平"的朱元璋,对科举制度的设计完全是专业级的。

考试,首先就涉及"考什么"的问题。这个问题不明确,所有的考生只有"撞大运"。明朝的科举制度设计,正是从这个问题开始。这个项目的负责人,是明太祖朱元璋;专家组组长,即是那位元朝培养的刘伯温;研究成果,俗称"八股文"。

提到八股文,不少人都要头摇得像拨浪鼓。但八股文不是迂腐、守旧的代名词,而是深刻得让人望而生畏。

最初的八股文,又叫制义、经义、时文等,"八股文"只是其俗称。八股文同样有一个从首创到完善的过程,最终定型是在明朝的成化年间。这种文章用来考试,究竟有什么科学之处?

明太祖真像

选自历代帝王像。朱元璋(1328—1398),俗称洪武帝,庙号太祖。平民出身,25岁开始参加红巾军起义,推翻了元统治,1368年于南京称帝,国号大明,年号"洪武"。在位时奖励农耕,鼓励种植经济类作物,兴修水利,政治上,整顿官吏,惩治贪官污吏等,使社会得到了进一步的发展。史称"洪武之治"。在位期间废除宰相制,设立锦衣卫等,以便维护皇权和加强管理,但这为明朝后来宦官乱政埋下了隐患。

明太祖朱元璋创立明朝之后,于洪武三年(1370)启动科举考试程序,连续举行三年,后觉得通过这样的科举自己没有获得好的人才,便于洪武六年(1373)暂停科举。洪武十五年(1382)重新恢复。洪武十七年(1384)后又规定每隔三年举行一次

像真祖太明

帝名元璋朱姓江南句容人在位三十一年号洪武

八股文已经被废止，没有必要了解得太多。简而言之，八股文的核心是两个：一是题旨，二是程式。其题旨，限定于"四书五经"之内；其程式，是必须先破题、承题再起讲，然后在规定的起、承、转、合中阐发题旨。实际上，八股文是特定内容与形式要求下的命题文章。

题旨，即文章的主题，是对文章思想性的要求。题旨体现的是国家意志，选拔人才的前提是为国家服务。倘若提到国家都不满意，招这样的人为"公务员"，那国家就是吃饱了撑的。但是，这样的考生还真有。

明末的贵池（今石台县）人吴应箕，有才子之称，但就是考不上进士。吴应箕一生功名心切，用心科举，自16岁参加首场科举考试，连考了八届，皆以落第告终。为什么不考第九次呢？因为明朝没有了，其招生资格被清朝取消了。

吴才子不是水平不行，而是思想认识有问题。吴应箕与及东林后人交从过密，一有机会就批评这批评那。本来是考生，却在试卷上专心抨击"高考"制度。高考"零分作文"，最早的得主即是吴应箕。

科举文章程式上的硬性规定，同样是合理而深刻的：一是通过高难度的规定动作，检验考生的真才实学；二是便于制定文章的评判标准，强化评卷的客观性，防止考官因个人喜好随意定分，使科举考试失之公允。大凡考试，都要事先向应试者明确考试范围，颁布考试大纲，考官不能超越大纲乱出题，考生应试前不要做无效劳动。考完，老师阅卷，有个"标准答案"，就不会想给几分就给几分。

明代科举，有一科的试题只有两个字：子曰。

看到这个题目，估计考生们都乐疯了，古代只要是读书人都知道：子，即"孔子"；曰，即"说"；子曰，出自《论语》，意思即是"孔子说"。《论语》中，"子"出现了973次，"曰"出现了757次，"子曰"连在一起一共出现了201次（电脑统计数据），不是白痴，就不会跑题。

其实，以《子曰》为题的八股文并不好写。按照程式化的要求，文章起笔即要"破题"，即以极简要的语言解读题意，但又不允许出现"孔子""说"之类的字眼，否则即属违规，文章就要被判为"零分作文"。

但是，高人还是有的，有位考生用了两句话破题："匹夫而为百世师，一言而为天下法。"

没有"孔子"，也没有"说"，一看就是"孔子说"，破题妥帖，恰到好处。

这类要求，有点折腾人。但要知道，现当代语言学研究揭示，语言不仅是人的思维工具，也是思维的外壳。说话语无伦次，文章颠三倒四，这样的人能把公务处理好，鬼都不信。以明代的科举实践看，真正的文章宗师，无一不是八股文高手，有兴趣的读者可以看看明代进士归有光的八股文。

连中三元的商辂，就是在这种背景下横空出世的。

第二章 状元与天赋

在既定的科举规则下，商辂无疑是最成功的实践者。

任何一个成功者，都离不开必然与偶然。成功的偶然性留下传奇，成功的必然性留下启迪。商辂的科举成功充满着偶然与必然，也因为这些，"状元文化"呈现出恒久的当代价值。

商辂（1414—1486），字弘载，号素庵，浙江淳安人。

宋元以降，中国的经济、文化中心迅速南移。明代的浙江，开始跻身人文大省，"软实力"

一 状元血脉

商文毅 选自洒湖拾遗。商辂，字弘载，号素庵，谥文毅，浙江淳安人。宣德十年（1435）举乡试第一，后来屡试不中，遂在太学潜心读书，于正统十年（1445）举会试第一，继而殿试第一，三元及第。遭迎明英宗于居庸关。景泰七年（1456）景帝病重，商议立太子，商辂继奏称：『陛下宣宗章皇帝之子，当立章皇帝子孙。』『夺门之变』后，得罪石亨等人，下狱，后被免职。成化三年（1467），商辂恢复内阁官职。成化十三年（1477），进谨身殿大学士。成化二十二年（1486）七月十八日卒。赠太傅，谥文毅不断逼近江西、南直隶（今皖、苏、沪地区）。商辂的"浙江淳安"籍，并不显得可有可无。在这种人文背景下，一个奋斗的家族，偶然间会有一个意外的成功。

商姓是一个多民族姓氏群体，商辂的先祖明显有些复杂。

据尹直所撰的商辂墓志铭，商辂的先祖商瑗入仕西夏，累官至都知兵马使，也就是戏剧中经常出现的"天下兵马元帅"，是一位高级军事将领。

西夏是党项人在中国西北部建立的一个政权，也是北宋的劲敌。宋仁宗嘉佑六年（1061），商瑗奉命出使大宋。利用这个机会，商瑗携家眷投奔了大宋。对宋廷来说，这简直是天上掉馅饼。宋仁宗大喜，嘉奖商瑗，将其安置在淳安，赐予商瑗家族世禄，赐不与编民为伍、不纳租赋、免服夫役等一系列政治、经济待遇。因为有优厚的生存条件，"文化"在这个家族中始终闪动。

自商瑗下传九世，即商辂的祖父商尚。从商尚的相关记载中可以看出，这是一个很有文化修养的人：博通经史，长于诗赋，善草书。元廷多次征召商瑗为官，但终被辞谢。这种与元廷不合作的南方文人，当时比较常见。

元明鼎革，明初平定四海，急需巨量的知识分子来承办官府事务，明太祖朱元璋下诏征招天下文人出仕，甚至还给各级官员与官府，分配硬性人才招揽指标，确保招聘任务完成。丞相徐达是个粗人，打仗是把好手，搞人才招聘居然也是一把好手。徐丞相的招数是手起刀落，一点也不拖泥带水：派人到乡野街巷四处转，见到读书人

躬阅祭器

选自《圣谕像解》。图中讲述的是明仁宗当太子期间,每逢祭祀的时候,一定要把所有的祭器检查一遍的故事。明仁宗朱高炽是明成祖长子,其母为仁孝文皇后,徐达外孙,明朝第四位皇帝。朱高炽年幼端庄沉静,善于言辞,且擅长骑射,喜爱与儒臣讲论。朱高炽与其子朱瞻基在政治用人、行政处理上,均为后世所称善,史称「仁宣之治」。

就抓，要么到官衙听用，要么绑起来送到京城，批评教育后再到相关部门上岗。

徐达的任务完成得很好，找明太祖朱元璋表功。明太祖将其狠批了一顿，说你能不能长点文化，在工作方法上与时俱进呢？实际上，元朝对知识分子不重视，管得也不严。但明朝对知识分子的态度是相当强硬的。不干不行，商辂的祖父商尚就是在这种情形下，在明初当了一阵子官，年纪也确实大了，不久就辞职归乡。

明初社会恢复很快，读书人从稀缺资源，一下子变成了资源过剩。到商辂父亲这辈时，再想当官，那就得凭本事竞争了。

商辂的父亲商瑭，字仲暄。商瑭自幼聪慧，是一块读书的料。洪武八年（1375），13岁的商瑭即选补为严州府学庠生，这是相当不容易的。但其后的功名之路，却相当不顺。人到中年，商瑭只在官府谋了个差事。明人周清源《西湖二集》记载，商瑭曾为县衙"提辖"，也就是县衙里的文书小吏。商瑭又不断地冲刺科场，都没有等到科举捷报，只是就业单位从县衙换到了严州府，还是一名文书小吏。50多岁时，商瑭才"以才辟，授春官印局任，职掌公牍"，实际上就是解决了一个公职身份问题。以明朝的官制，那是算不上当官的。

商辂的母亲解氏，没有明确的史料记载，但大体可以看出，她是一位知识女性，这在古代是不同寻常的。商氏家族虽谈不上官宦世家，但也明显区别于普通平民，以传统的"门当户对"婚姻理念来看，解氏家族也不会是普通平民。商辂之母解氏，当出自一个有文化的家庭。

中山王徐达 选自清代《晚笑堂竹庄画传》。

徐达是明太祖朱元璋的幼年好友、明成祖朱棣的岳父。明仁宗朱元璋于鸡鸣山立功臣庙，朱元璋亲定功臣位次，又以徐达为首，次常遇春等二十一人。洪武十七年(1384)，徐达患背疽，次年二月卒，追封中山王，谥武宁。赐葬钟山之阴。民间流传他是因功高震主，被朱元璋赐蒸鹅全宴毒杀的（传说患背疽，忌吃河鹅）。但根据考证此传闻可信度很低。徐达可算是明朝曾任丞相四人中唯一没有被明太祖罪杀者，其他三人李善长、胡惟庸、汪广洋皆「见罪」被杀。而且其子孙累世封公，徐家之荣辱与朱明皇室相始终，为开国功臣中绝无仅有的一例。

右侧题画诗：

武宁王疾亟太祖幸其第至榻前问之占二句曰闻说君王变驾来一花未谢百花开盖讽待用英贤之缱绻主之思乎轨圣手不放上日卿欲朕紫掌山河达就榻上叩头勉主之忠乎呜呼君臣始终两得之矣

（画像题识：中山王徐达）

父母对子女的成才，影响颇为明显。商辂的父亲一生都在求知上进，其母则以其知识完成了对商辂的幼年启蒙。商辂出生时，其日后成才的客观条件已经具备。

这是一个家庭教育与家庭环境问题，这是第一个对状元的关注点。

二 天赋异禀

商辂是一个天赋异禀的人,出生时即显出与众不同。

商瑭在严州府当差,全家也就住在严州府公廨里。这天夜里,知府李兴发现外面红光闪烁,以为府衙失火,赶紧跑出来准备组织灭火。出门一看,哪是起火啊,是天空景象奇异。

李知府这一夜没有睡好,古人对自然异象非常看重。如果是祥瑞,将来会有好事发生;如果是凶兆,日后还真得留心点。这到底是凶兆还是吉兆呢?知府一晚上都在琢磨这个事儿,也没琢磨出个结果。

第二天坐堂,李知府还在琢磨昨晚的事儿。好半天,商瑭两眼惺忪地过来点卯,知府就有点不高兴了,说你老商怎么回事啊,平时上班挺准时,今天怎么迟到了呢?

商瑭说:"真是对不起,我老婆昨夜生了,忙活了一夜,耽误正事了。"

李知府大吃一惊,心想昨夜的天空异象,难道与这个孩子的出生有关?心里惦记着,就一定要看个究竟。商辂刚满月,李知府便跑过去满足自己的好奇心。见到襁褓中的商辂,李知府惊奇又羡慕,对商瑭说:"尔子上应天象,必非尘凡之器,他日必为朝廷大瑞,与国家增光者也!"

李知府认为商辂"必非尘凡之器",是基于商辂的面相。相术,古代很迷信。包括商辂出生时的天象,那都是人为附会。自然异象不常见,但偶尔出现很正常。有个状元出生时,没有自然异象发生,但家

商辂父 选自《贤志文图说》。明朝人商辂的父亲商瑭曾任严州府吏数年，一味广积善德，力行善事，甘守清贫。他经常劝同事们要奉公守法，不要在文字上耍花样害人，不要收取枉法的钱财。官员们都听从于他。下属各县有因犯被押解到州府，但凡有冤屈的，他一定要替他们申诉，救助他们，许多人因此而保全了性命。

乡的人实在不甘心。正好，那年状元的家乡发大水，后人就认为大洪水与他有关。这说明一个人的成才、成名有多重要，名人效应、权威效应，都会把离奇的现象附会到成功者的身上。

商辂最与众不同之处，其实是其超常的记忆力。

13岁时，父亲商瑭从京城回乡，商辂与家人及同乡洪汝和到杭州迎接。闲着没事，大家一起上街闲逛，看到街头张贴有御史新出的榜文，便一齐凑上去看热闹。这是一份关于浙省钱粮的公文，洪汝和觉得很有用，回到客栈后，便取出笔墨纸砚，一边回忆一边记录。生怕数字记错了，洪汝和边写边挠头皮。商辂见状，对洪汝和说：你这么写多费神啊！

洪汝和问："那有什么好办法？"

商辂回答："我背，你写！"

于是，商辂背一句，洪汝和写一句。写完后，洪汝和看了看，估计有一万多字。洪汝和不太放心，拿着稿子到榜文前核对了一遍。天哪，居然一字不差！

商辂上县学时，回乡官员洪公到县城拜谒地方官。商辂听说洪公带有苏轼的《策略》。这是一本史论方面的名人著述，商辂一直想看，可地方上没有。现在有这么好的机会，商辂自然不肯放过，便恳请洪公让自己录个手抄本。洪公说：《策略》有好几万字，你没几天抄不完，我明日就要离开，没办法借给你。商辂再三请求，说您就借我看一晚上，不会耽误您明天的行程！

这一夜，商辂将《策略》从头看到了尾。

月考时，教谕王端发现商辂的文章经史贯通，进步神速，惊问商辂："此作何迥异平昔？"商辂说，主要是受苏东坡《策略》的启发。王先生曰："这本书你把它抄下来了？"商辂说："未也，但书中的内容我都记得。"

利用业余时间，商辂将《策略》默写出来，呈给王先生看。王端是读过《策略》的人，看完商辂默写的《策略》，觉得这孩子也太离奇了。

古代学生获取知识的途径狭窄，要么看书，要么听先生讲授。班固《汉书》云:"遗子千金,不如遗子一经。"这话的本义,并不在强调读书的重要性,而是谈书籍的金贵。没有现代搜索引擎,知识不能有效记忆,这是古人面临的致命问题。记忆能力,是古代学者最突出的禀赋,过目不忘成为上天赋予的不同寻常的天资与才华。

除了有这种禀赋,商辂还有童年人少有的志向。

永乐二十一年(1423),父亲商瑭要赴京参加选拔考核,10岁的商辂想跟父亲一道去玩玩。父亲对他说:"我到京城是有大事要办的,待我做了官,带你到我的办公室玩吧。"

被父亲拒绝,商辂很气愤:"你做官,我也做官。你到我任,我不到你任!"

这孩子,几句话堵得父亲无言以对。商瑭私下对妻子解氏说:"此子实有志气,可取。尔宜善视之。"

有天赋,有志气,这样的孩子必定成才吗?

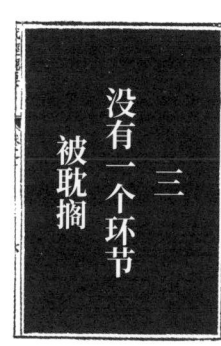

三 没有一个环节被耽搁

再好的天资,都不如良好的教育。这一切,商辂全赶上了。

商辂的父亲,几乎一辈子都在蹭蹬科场,或为生计公务奔波。商辂的幼年教育,仰仗的主要是其母解氏。

解氏在古代女性中是一个非凡的人物。中国历史上有"三大贤母":孟子的母亲,是为儿子选择了一个优良的教育环境;徐庶的母亲,是教育儿子辨识奸伪;

岳飞的母亲,是教育儿子精忠报国。时代的局限,"三大贤母"都没有能力承担子女学业的重任,但商辂的母亲竟然做到了,是商辂最早且名副其实的老师。

商辂6岁时,解氏即为儿子"破蒙",教儿子识字。完成识字任务后,解氏又教儿子《论语》诸书,这是一般女性做不到的。解氏亲授的内容,与一般的私塾课程并无二致,与明代的科举内容也是无缝对接。

在商辂需要进一步深造时,命运中的贵人又及时出现。

王端,字汝善,号遮庵,松江府华亭(今上海)人。宣德二年(1427),王端考中进士,担任淳安县教谕。明代的县教谕,是主管一县教育的官员,相当于教育局长,也是县儒学的"校长",通常是由举人担任。淳安县教谕王端,应该是教谕中"学历"最高的一位。有学识,又负责,淳安读书之风大盛,老百姓敬信其如神明。

宣德四年(1429),淳安县学的"魁星楼"需要重修,县里又拿不出钱,王端对知县说:调动全社会的力量干吧,我亲自出去募捐!

王端就是在募捐的路上,发现了商辂这位俊异之才。现场测试,王端兴奋不已,这募捐的事也不提了,直接奔回了县里。

知县见王端喜形于色,以为王端找到了一位大财主,募得了一笔巨款呢!王端说:嘿嘿,你就是把县衙卖了,也不值这个"宝"啊!

古代地方官员,大多是重视教育的,也是重视人才的。一个地方人才辈出,地方官脸上有光,也是他们的政绩,更何况是爱才如命的王端。

古代母亲教育

母亲是孩子的启蒙老师,一言一行、一举一动都会影响孩子的思想观念。母亲的力量是无穷的。母爱的核心不是付出,而是付出不求回报。真正的爱没有理由,也不求回报。真正的母爱关键在于母亲的榜样力量!在古代教育中,母亲对孩子们的教育过程大多是口口相传,我们特地整理一组图像资料来说明母亲教育的重要性

谗言三至,慈母投杼

选自《武氏祠画像石》。图中讲述的是曾母教子的故事。曾参是孔子学说的主要继承人和传播者,亦为儒家主要代表人物之一,世称「曾子」,提出「吾日三省吾身」的修养方法,后世儒家尊他为「宗圣」。在儒家文化中与孔子、孟子、颜子、子思共称为儒家五大圣人。曾参对母亲特别孝顺,为二十四孝中「啮指痛心」的主角。图中说的是曾子住在费地的时候,有一个名字也叫曾参的人杀了人,有人去告诉了曾子的母亲,曾母开始不相信自己的儿子会杀人,继续纺织,等到第三个人来说同样的事情的时候,曾母也怕了起来,翻墙逃走了。后世用这个典故来比喻人言可畏

断杼教子

《列女传》插图。图为孟母教子的故事。孟子三岁丧父,孟母艰辛地将他抚养成人。孟母教子的故事千百年来,妇孺皆知,是后世母教之典范。孟子一次逃学回家,孟母正在织布,便把织了一半的布全部割断。孟子问为什么要这样,孟母回答说:「子之废学,若吾断斯织也」。意思是说,学习就像织布,靠一丝一线长期的积累,只有持之以恒,坚持不懈,才能获得渊博的知识,不可半途而废。《三字经》中有「昔孟母,择邻处」「子不学,断机杼」讲的就是孟母教子的故事

孟母三迁

选自御世仁风。明，金忠纂辑。图中讲述的也是孟母教子的故事。孟轲幼年，家住在墓地附近。他玩的时候学埋死人。孟母便把家搬到集市附近。孟轲又学商贩叫卖。孟母又把家搬到学宫附近，就学习礼节。孟母这才安心定居下来。这就是"孟母三迁"的故事。

孟母仇氏轲幼时居于东鄁殡侑欲何为母戏日欲啼次既而临日吾闻古有胎教今有知而欺之是教之不信乃买猪肉以食之卽得为圣门大贤教之功居多也

阙里寺插林

孙叔敖母 列女传插图。

春秋时期楚国令尹，辅佐楚庄王成为春秋五霸之一。孙叔敖小时候，在野外遇两头蛇，杀而埋之，回家后，忧而不食。母亲问他怎么？孙叔敖对母亲说："我听说见了两头蛇的人一定会死，现在我见到了，害怕我会抛下母亲先死了。"母亲问："蛇今安在？"孙叔敖回答说："我害怕后来的人又见到这条蛇，已经把它杀了并埋了起来。"母亲说："不要忧虑。我听说有阴德的人，一定会得善报。你一定会在楚国兴旺发达。"

皇甫谧母

明，列女传插图。皇甫谧是三国西晋时期学者，医学家、史学家。其著作针灸甲乙经是中国第一部针灸学的专著。皇甫谧从小过继于叔父母，比较贪玩，不好好学习，年逾二十仍然游手好闲，不思进取。皇甫谧得到一些瓜果，便拿去孝敬任氏，用孝经中的话和孟母三迁、曾父烹猪等故事来启发他，皇甫谧深受感动，于是到同乡席坦处学习，勤读不倦。他家很贫穷，他在亲身参加农业劳动的时候带着儒家经典著作学习，终于博览通晓各种典籍和诸子百家的著作。当时，文学家左思刚完成三都赋，特地去向皇甫谧请教，皇甫谧大加赞赏，并为他写了序。消息轰动洛阳，人们争相传抄，一时大街上的纸张紧张起来，商人趁机提价，"洛阳纸贵"这个成语便出于此

欧陽文忠公

欧阳文忠公

选自古今君臣图鉴。欧阳修，字永叔，号醉翁、六一居士，谥文忠。吉州庐陵（今属江西省永丰县）人，曾继包拯接任开封府尹。四岁丧父，随叔父欧阳晔在湖北随州长大，由其母郑氏教养。欧阳修勤学聪颖，家贫买不起文具，母亲用一根荻草在沙地上写画，教他写字，这便是著名的"画荻教子"。

刘琨母

明,列女传插图。刘琨是西汉中山靖王刘胜之后。年轻时和祖逖要好,相约要做出一番事业,"闻鸡起舞"一词便出自他们二人的典故。同时,成语"枕戈待旦"也来源于刘琨的给亲故书。刘琨占据晋阳时,吸引了许多志愿抗击匈奴、羯人的志士,同时也因刘琨缺乏驾御豪杰的能力,也有好多人才慕名而来失望而去。当时,刘琨母亲也在晋阳,刘琨误斩令狐盛,刘琨母亲严责刘琨,你不能弘图远器,驾御豪杰,只想除掉比自己强的人,以此自安,又怎能完成大业呢?如此下去,祸必及我。正如刘琨母亲所料,后来令狐盛的儿子令狐泥与汉国联手,突袭晋阳,杀死刘琨的母亲,晋阳重新失陷。刘琨只身投奔幽州,后被杀。刘琨有文才,有诗文传世,有名句"何意百炼刚,化为绕指柔"。同时,后人也根据他的事迹写下大量的诗词,譬如李白"刘琨与祖逖,起舞鸡鸣晨"、陆游"刘琨死后无奇士,独听荒鸡泪满衣"和"鸡唱刘琨舞,牛疲甯戚歌"、文天祥"中原荡分崩,壮哉刘越石,连踪起幽并,只手扶晋室。福华天意乖,匹磾生鬼蜮。公死百世名,天下分南北"、李清照"南渡衣冠少王导,北来消息欠刘琨",等等

二程母

"二程"指的是宋代的程颢与程颐,早期共师周敦颐,是理学奠基人。图中讲述的是程母严格教子的故事。程颢、程颐兄弟二人只相差一岁,小时初学走路,程母不让家里人管他们,让他们独自走路,程母说:"汝若安徐,宁至踣乎?"意思是如果慢慢地走,是不会跌倒的。第二人挑食,程母说:"幼求称欲,长当如何?"意思是小时候如果养成想什么要什么的习惯,长大后怎么办?后来,程颐在程母上谷郡家传中讲述了母亲对自己教育的重要性

岳母刺字

年画。《宋史·岳飞传》记载:"初命何铸鞫之,飞裂裳以背示铸,有'尽忠报国'四个大字,深入肤理。"民间有岳母刺字的传说,但在历史上却没有明确记载。冯梦龙改定的精忠旗传奇中,此字是岳飞请工匠而刺。在熊大本的武穆精忠传中,"岳母刺字"源于清代钱彩评精忠说岳,书中说,此字为岳飞命令张宪为他而刺。"岳母刺字",被岳母拒绝。岳母恐怕日后岳飞失察受惑,便在岳飞背上刺了"精忠报国"四个字。岳飞至孝,母亲生病时,亲自调药换衣,无微不至。岳母去逝后,岳飞和岳云等人扶着其灵柩,光着脚徒步走到江州的庐山。在行军途中,岳飞为母亲刻木为像"行温清定省之礼如生时"。

赵孟頫母

列女传插图。赵孟頫,元代著名画家。史载,元世祖忽必烈接见赵孟頫时,看到赵孟頫相貌清奇,器宇轩昂,大为赞叹,"以为是神仙中人"。赵孟頫晚年名声显赫,门生如虞集、杨载、唐棣、朱德润等,在其荐举下也纷纷进京做官。一些较年轻的画家,如黄公望、商琦、柯九思等,也拜在他门下。图中讲述的是赵母教子的故事。赵孟頫12岁时父亲早离人世,生母丘夫人勉励他刻苦发奋,云:"汝幼孤,不能自强于学问,终无以覤成人,吾世则亦已矣!"

王端与知县一合计，破格将商辂补录为淳安县邑庠生，即"附学生"。

上县学，当个"附学生"，还要知县与教谕专题研究，这事很难吗？非常难！

明朝实行的是分级办学，最低一级的是社学，办在村里。社学的办学目的不是为了科举，相当于扫盲、普法，旨在提高国民素质。老百姓都是文盲，容易干出无知无畏的事情，所以社学的教材除了为识字，法律性质的《大诰》是重要讲解内容。《大诰》其实很复杂，一般人不一定懂，但家里必须要有。明律规定，如果违法了，有《大诰》的罪减一等，没有《大诰》的罪加一等。从这个意义上讲，社学的办学宗旨，与科举的目的又是统一的，都是服务于治理国家。

社学的标准太低，连扫盲都不一定实现。这样，有钱人家为了子弟日后能够进入科举仕途，会办私学，也就是"私塾"。上完私塾，成绩优秀的可考入县学，这就踏上科举之路了。

为科举而设立的公办学校，明朝有县学、州学、府学、国学。府、州、县学设有教育官员，府设教授，州设学正，县设教谕，各一人，相当于这一级的"教育局长"。又设训导，府四、州三、县二，相当于学校的业务负责人。

明代上县学，是很难的：生员额数十分有限，京府60人，府40人，州30人，县20人。条件差的县，甚至不足10人，现在能上"985"的人，明代不一定能上县学。考个大学都称"状元"，其实离"状元"还差十万八千里！

生员，俗称"秀才"。秀才，是最低一级的科举功名，有政治待遇与经济待遇。政治上，秀才要是犯了什么错，见官不必下跪，也免于挨打，家里建房可比邻居高三寸，着蓝袍方巾秀才服，因为属于缙绅行列，不是普通平民；经济上，秀才可免两人的差徭，国家每月发六斗米，一年发给生活费（廪饩银）四两银子。

正额生员外，称增广生员，没有经济待遇。初入学者，为附学生，什么待遇都没有。想要政治、经济待遇，得考。

这种资格认定考试，即"童生试"。童生试是科举的预备考试，分县试、府试和院试三个阶段，全部合格才能取得生员资格。著名的历史人物，太平天国天王洪秀全，人称"秀才"，其实不是。洪秀全通过了县试、府试，上广州四次，都没有通过院试。洪秀全不是没有真才实学，而是考个秀才实在是太难了。读书人有了秀才资格，也就不叫"白丁"了。并且，可以正式踏入科举大门。

商辂因为学业出众，以"保荐生"的方式进了县学。

商辂进了县学，王端不仅亲自教授，还免费为商辂开"家教"。商辂天资聪颖，又勤奋好学，顺利从"附学生"进阶为"生员"，也就是"秀才"。

"秀才"，显然不是商辂的奋斗目标。宣德九年（1434），商辂进入杭州府学。这是地方的最高学府，也是真正举子业的开始。

商辂在府学成绩优异，为啥说他优异呢？因为有人要把闺女嫁给他。

卢天泽是位退休的推官。明朝的推官，为府级佐贰官，负责司

清光绪四年湖南澧州童生点名册

古籍阙史·选举志》记载：『士子未入学者，通谓之童生。』童生，指的是明清的科举制中，未考取生员（秀才）资格前，但通过了县试、府试两场考核的读书人。另外，『童生试』指的是科举的预备考试，分县试、府试和院试三个阶段，全部合格才能取得生员资格。

署澧南澧州直隶州蒿科考事今将卑州考取慈利县长案有名文童理合造具点名清册呈

核须至册者

　　　今开

朱樹椿　年二十二歲身中面白無鬚　認保朱純謨十　派保朱純謨十
　　曾祖瑠　祖德培　父毅廷

卓光薦　年三十三歲身中面白無鬚　認保譚吉鳴十　派保康永祥十
　　曾祖之清　祖先通　父戚焦

黎成鎔　年十六歲身中面白無鬚　認保于雲覽十　派保余蔚南十
　　曾祖廷揚　祖時歡　父吉青

龔榘成　年五十一歲身中面白無鬚　派保莫梓林十　認保劉啟壽十
　　曾祖瑠　祖德培　父毅廷

康精一　年二十四歲身中面白無鬚　派保朱純謨十　認保聶邦華十
　　曾祖錫官　祖經武　父婺莫

陳嘉謨　年十七歲身中面白無鬚　派保康永祥十　認保彭昹吉十
　　曾祖大萬　祖昌麟　父永範

黃春華　年三十八歲身中面白無鬚　派保康永祥十　認保張煥吉十
　　曾祖漢瑜　祖吉卷　父金鏞

陳紹儒　年丰一歲身中面白無鬚　派保康永祥十　認保余蔚南十
　　曾祖臨正　祖康寶　父太桔
　　曾祖國瑞　祖　父日新

光緒肆年拾貳月

柱若芳　年十七歲身中面白無鬚　認保譚吉鳴十　派保　十
　　曾祖　祖文炳　父林楊

王表棫　年十八歲身中面白無鬚　認保王繼奎十　派保蕭鴻獻十
　　曾祖昌蘭　祖　父林楊

余步瀛　年二十七歲身中面白無鬚　認保朱純謨十　派保朱純謨十
　　曾祖輔無　祖　父王祉

劉蔚楚　年五十三歲身中面白無鬚　認保田金楠十　派保田金楠十
　　曾祖沐　曾祖根成　父起威

吳鴻漸　年十八歲身中面白無鬚　認保朱文林十　派保朱文林十
　　曾祖　祖名德　父會威

馮金聲　年二十二歲身中面白無鬚　認保譚吉鳴十　派保張煥吉十
　　曾祖師卿　祖鰲雲　父甲寅

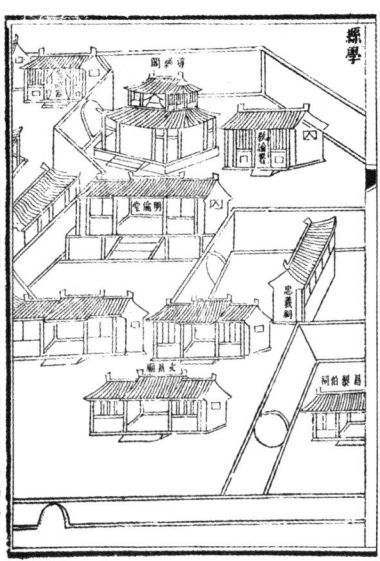

县学图 节选自光绪二十八年石蕴辉绘乐清县志县学图。古代供读书人读书的学校。科举制度童生试录取后才准入县学内读书,由于才学出众,进而顺利从『附学生』进阶为『生员』,也就是『秀才』一级的考试。商辂因为学业出众,以『保荐生』的方式进了县学。

法方面的"正县级"领导干部。卢天泽的幼女卢满,聪慧漂亮,自然被视为掌上明珠。卢满12岁时生了一场病,卢天泽请来一个道士。道士见过卢满后甚为惊讶,说这孩子不是凡人,是个"一品夫人"的命。

道士跟江湖术士差不多,说好话多半是为了弄点好处。这道士的一句话,把卢姑娘就害惨了:直到17岁,都没办法嫁出去。

卢天泽把道士的话当真了,去世前还对夫人何氏交代:"小女是个命中贵人,你可不能随随便便把她给嫁人。切记,切记!"

何夫人从此陷入了纠结:凡是来提亲的,何夫人都推理一下那小伙子将来能不能当个一品高官。越推理越不像,这闺女也就没法出手。

17岁,"二八佳人"都过了,晚婚在明朝是不被提倡的,还容易被人瞧不起,何夫人有点坐不住了。

何夫人毕竟不是普通家庭妇女,坐等不到佳婿上门,立即改为主动出击。听说府学来了个高材生,何夫人心里怦怦跳:千万不要是个结过婚的啊!

一打听,小伙子还真没结婚呢。再让媒人上门,商家愉快地答应了。就这样,商辂成功地娶了个门当户对的老婆。

书读了,家成了,剩下的只等立业。

四 一个人的考场

《女驸马》演绎得不错,这要是中了状元,差不多什么问题都能解决。但秀才商辂,离状元还差得很远很远。

明朝的科举考试,三年举行一次,分为三级:乡试,会试,殿试。乡试,是科举考试的真正起点。

乡试的地点,在各省城及京师(明初为南京)。考试分三场:初场,试五经义二道及四书义一道;第二场,试"论"一道;第三场,试"策"一道。

中试后十日,举行复试,科目是骑、射、书、算、律五科。通过了,即是"举人",举人中的第一名即为"解元"。考个秀才都不容易,何况举人,更别提解元了。《儒林外史》中,范进中举后乐疯了,不能怪他,就是因为太难了,没有老岳父的一巴掌,真的一时回不到人间。

吕蒙正接彩球

（宋朝殿试前三名都称状元）

天津杨柳青。吕蒙正，字圣功，河南洛阳人。宋太宗太平兴国二年（977）丁丑科状元为其写诗。自此，皇帝为新科状元写诗、赐宴成为定例。同时，吕蒙正也是历史上第一位平民出身的宰相，第一个书生宰相、状元宰相，与赵普一样，历三朝、三次入相。1011年，吕蒙正病逝，享年67岁，谥文穆，赠中书令。吕家有三代五宰相（吕蒙正、吕夷简、吕大防、吕端，同时，吕蒙正还从《家仆》中培养出了贤相富弼。吕蒙正在民间的影响非常大，许多戏曲以他的故事为蓝本。图为戏曲彩楼记中，宰相女名翠屏给时为穷秀才的吕蒙正抛彩球的故事

有了举人的资格，即可进京城参加会试，会试由礼部举行。当然，具有"同等学历"的国子监监生，也可以参加会试。像《女驸马》中的，反而拿不到会试的"准考证"。原因很简单：冯姑娘冒充的李公子，本来具有报考资格，但已经被诬为"盗"。"盗"，是《大明律》开列的严重刑事犯罪。"罪犯"收监前，一律革除功名。冯姑娘冒充未婚夫报名，即便相貌差不多，可人家一查名册，李兆廷的报考资格已经"注销"，轰出去算是客气了。

如果此时官方出现各种失误，冯姑娘意外

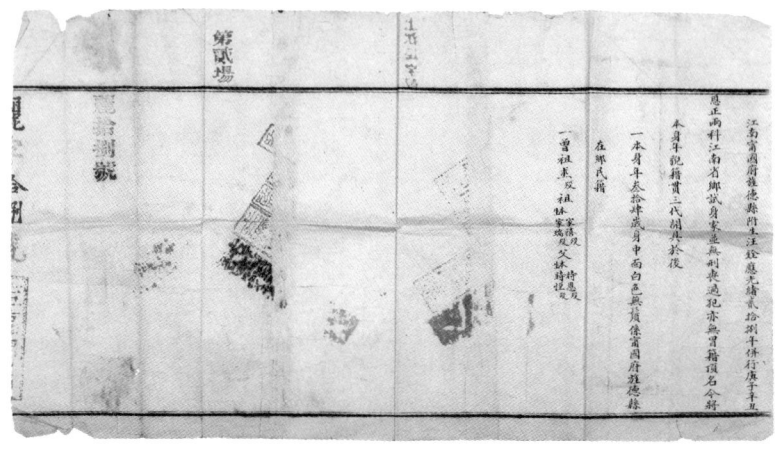

清光绪江南省乡试汪铨准考证 乡试,是科举考试的真正起点。准考证的出现是为了防止"枪手",自宋朝起推行的制度,古代的准考证叫"浮漂"。图中清光绪年间江南考生的乡试准考证上依次写明了考试的时间地点,并且注明了考生在此期间内无刑丧也无冒名顶替,以及考生的身份证明材料、祖上三代的姓名等

获得了"准考证",还是出不了县城。举子赴京参加会试,是地方的一大盛事,地方主官必亲自设宴饯行,发放盘缠,是为常例。举人在地方非常稀少,作为地方缙绅阶层的李兆廷,无论家境如何困难,都会是地方官的座上宾,不会无人认识。冯姑娘再乔装打扮,当地官员也会当场识破。最轻的结局,是将冯姑娘送还给她爹,说这姑娘也太调皮了。

会试也是考三场:第一场,考四书义三道;第二场,试"论"一道,诏诰表内科一道,判语五条;第三场,考经史时务策五道。中试者,即为会士,会士中的第一名称"会元"。

会元参加的最后一场考试,由皇帝主持,故称作

"廷试"或"殿试"。殿试只根据成绩排出名次，分出等级，没有淘汰，所以科考的关键只在会试。但殿试不是不重要，成绩排名关乎安排使用。录取的进士分成三甲：第一甲，三名，分别称状元、榜眼、探花；第二甲，不到十名，赐进士出身；第三甲，名额不等（每科少则几十，多则两三百），同进士出身。

取得进士资格者，即可被任用为官员。状元授翰林院修撰，榜眼、探花授编修。二甲考选庶吉士者皆充翰林官，其余授给事中或御史，或六部的主事，内阁中书，行人、太常、国子监博士，或任府推官、知州、知县等官。举人也是可以做官的，著名的清官海瑞，科举功名即为举人。

宣德十年（1435），商辂鳌次步入了浙江乡试的考场。

乡试的地点，在"杭州贡院"（现杭州市下城区凤起路杭州高级中学）。

明清时的杭州城，最大的建筑群只有两个：一个是军营，一个便是贡院，而且贡院比军营大得多，因为考场比军营要求更高。

现代高考，常有特殊考生，出于人性化的考虑，有时会设立"一个人的考场"，所以是"新闻"。但是，古代的科举考试，考场都只有一个人。

贡院内是一排一排的号舍，考生就在这里答题，并且在这里睡觉过夜。

号舍有三面墙，后墙高8尺，前檐高6尺，宽3尺，深4尺，面积约为1.16平方米。南面无门，便于检查监督。

号舍虽小，设计精巧，有"上下砖托"，上砖托离地一尺五，下砖托离地二尺五,各放一块号板,就成了"桌椅"。晚上两块号板合一起,这就变成"床"。

每排号舍五六十间至百余间不等,取《千字文》中的一字,如"天""人"为字号,考生进入贡院时领取一张"座号便览",很容易找到自己的"考场"。

杭州贡院规模很大,高峰期的号舍达14000余间。清末太平天国时期,安徽考生无处考试,曾经借用杭州贡院。

如果考生剧增怎么办?只有临时搭建简易考棚,分割成号舍,确保考生一人一间。清代著名作家刘大櫆参加乡试时,便被分配在临时考棚,结果外面下大雨里面下小雨。刘大櫆一手答题,一手挡雨,试卷淋得不成样子。没办法,落榜!

明清时的乡试与会试都要考三场,考生需在号舍待三天两夜。内急怎么办?每排号舍末端有一个粪坑,三天下来,分配在粪坑旁的考生算是倒了八辈子霉了。考生上厕所,得有士卒看护,《女驸马》中的冯姑娘女扮男装,三天不上一次厕所不太可能,这一上厕所势必立马露出原形。

上厕所还算不上最大的问题。贡院三年才用一次,平时往往是蛇鼠的天下,考生睡到半夜,说不准怀里还会钻进一条蛇。

受点惊吓还不是最可怕的。贡院内的考生,食物是自带的,无法保鲜;饮用水是贡院提供的,谈不上卫生。考生生病,概率很大。贡院尽管有医生,但医药水平皆低,考生有病,又不能影响考试,大多靠忍。无法忍受时,往往死路一条。在杭州贡院的记录中,最多一天死

江南贡院 贡院是古代科举制考试的场所。江南贡院又称南京贡院。现位于江苏省南京市，南京夫子庙学宫东侧。江南贡院始建于宋乾道四年（1168），清同治时期达到鼎盛。仅考试号舍就有两千多间，创中国古代科举考场之最

江南贡院·明远楼 始建于明嘉靖时期，它是江南贡院的主体建筑。明远楼楼层较高，四面皆窗，是考试时侍卫警戒，考官发号施令的地方。大门两侧分别题：『明经取士，为国求贤』八个大字

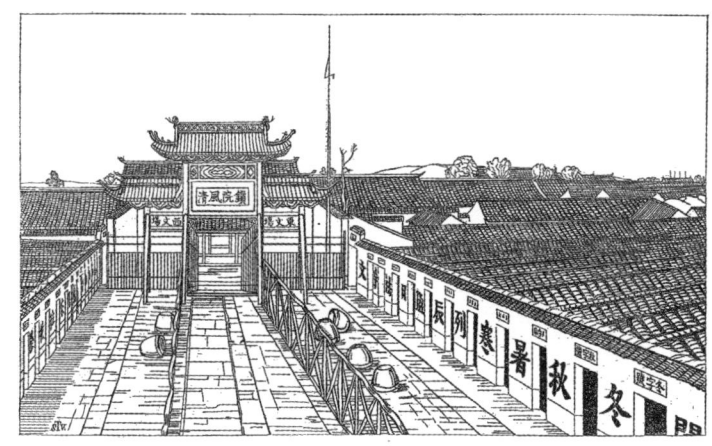

江南贡院正门牌坊

江南贡院号舍编号图

江南贡院号舍内景

过4名考生。"通计三场,不下十人名登鬼录。"

除了病死,巨大压力也可能会导致考生精神崩溃。光绪二十八年(1902)壬寅科,浙江乡试"一以烛签自刺,一自碎其睾丸",两名考生考场自杀。

商辂的乡试非常顺利,水平也发挥到了最佳状态。三天过后,长舒一口气,商辂将试卷交给了受卷官。受卷官递给商辂一根五尺长的竹棍,这棍子一半是红色的。难道考生都累到不拄着拐杖不能出门的地步吗?不是,这叫考生照签,棍头粘有交卷照票,商辂需持其到门口,交由营弁查验后才能出场。

商辂的乡试成功了吗?也许,当年的那个道士还真不是个"水货"——商辂不仅拿到举人,还拿到"解元",名列浙江省第一。

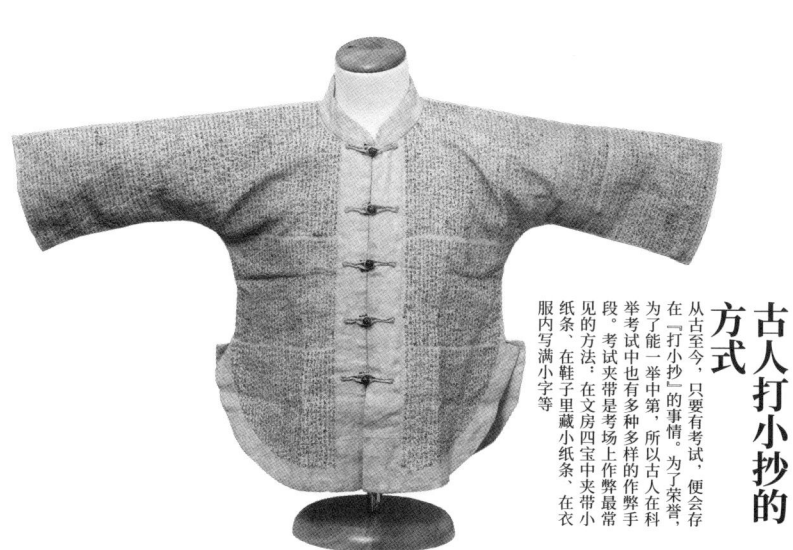

古人打小抄的方式

从古至今,只要有考试,便会存在「打小抄」的事情。为了能一举中第,所以古人在科举考试中也有多种多样的作弊手段。考试夹带是考场上作弊最常见的方法:在文房四宝中夹带小纸条、在鞋子里藏小纸条、在衣服内写满小字等

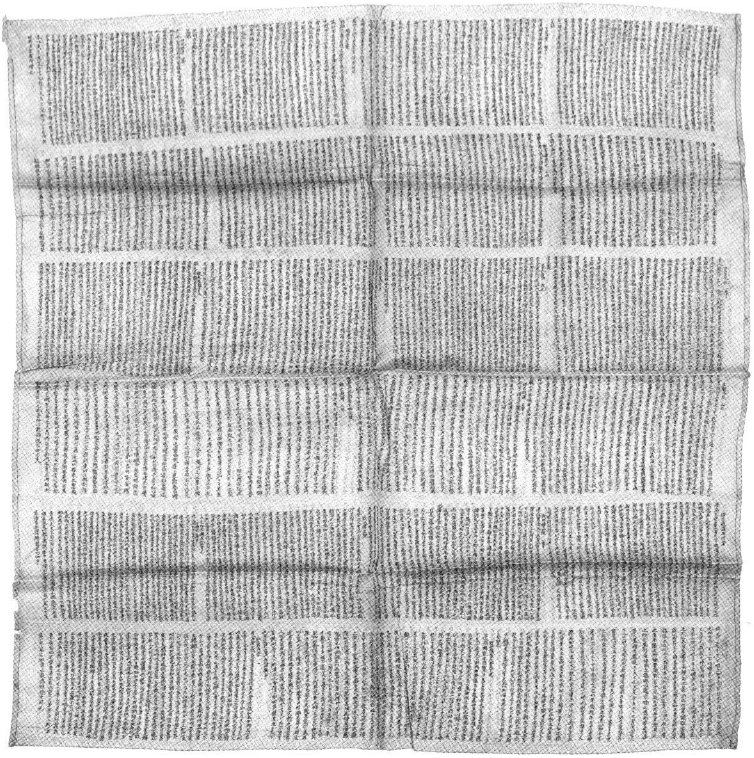

手稿论语小抄

五 择校复读

浙江的总体文化实力在明朝并不低,"全省第一"在全国名列前茅,也是完全可能。

但是,商辂的第一次会试失败了。

再来第二次,又失败了。

殿试,进士,状元,就不用再提了。

当年那位道士,看来是有点蒙人的。

商辂的会试,为什么会失败呢?商辂之孙

商汝泰,在《言行录》中给出了这样的答案:

正统元年(1436)丙辰科会试,主考官为少詹事王直,同考官为修撰周叙、侍读学士陈循等。

这几个人,都不是凡人。王直(1379—1462),字行俭,号抑庵,江西泰和人,永乐二年(1404)进士,后官至吏部尚书。陈循(1385—1464),字德遵,江西泰和人。陈循更厉害,永乐十三年(1415)的状元,后官至宰相(内阁首辅)。相对来说,只有周叙差点:永乐十六年二甲第一名进士,做到从五品的南京侍讲学士就退休了。

会试结束,评定试卷时周叙认为商辂第一,王直与陈循认为刘定之第一。双方争论起来,周公叙曰:"此会元才也,安得亚强之?"王直与陈循曰:"必是你亲旧故也,如此留意乎?""周公袖其卷,遂不复言。"

其实,《言行录》所称周叙拿走了商辂的试卷,导致商辂在会试中落榜,是根本不可信的。

明代的会试,程序上十分严格,没有作弊的可能:考生进考场前,得从头到脚搜一遍。进了考棚,想抄袭,找不着人——每个考棚里,只有一人,并且吃喝拉撒都不准出来。

考生交卷后,更有五道严格程序:吏员将试卷弥封、糊名,交给受卷官,盖上戳印后送至弥封所;弥封官将试卷折登、弥封、糊名、编号,送到交誊录所;誊录官将考卷用朱笔誊录后,交对读所校对,对读后再交收掌所收藏。

接下来,改卷开始,试卷先交同考试官评阅,考官手里拿着的试卷，是专人誊抄后的副本，字迹完全是一样的。同考试官看中的试卷，向主考试官推荐。最后，主考试官再将这些被推荐的试卷进行评阅。整个过程，均由内外监试官监督。

事实上，正统元年会试第一的刘定之，殿试中只夺得探花，状元为会试中并未显山露水的周旋。而刘定之与周旋，都是明朝了不起的人物：刘定之后来进入了内阁，周旋是一位文章高手。商辂未能中试，真正的原因是知识能力不够。

此后，商辂本有两次参加会试的机会。

正统四年（1439），商辂因父亲去世，按规定需要"丁忧"，不能参加会试。丁忧，就是民间所称的"守孝三年"，实际上是27个月，这就到了正统七年。遗憾的是，商辂再次落第，并且找不到任何解释。

刘定之 明英宗正统元年（1436）探花，时任翰林学士、工部左侍郎、礼部左侍郎等职位。成化五年（1469），刘定之去世，年六十一。获赠礼部尚书，谥号「文安」。成化四年（1468）六月，钱太后驾崩，刘定之与同僚影时，商辂、姚夔等朝臣坚决反对钱太后与明英宗「合葬」。原因是钱太后虽然是明英宗正统七年（1442）册立的皇后，但没有子嗣，继位的明宪宗是周贵妃的儿子朱见深。在商辂的带领下，众臣一起「文华门哭谏」最终使钱太后祔葬「十三陵」的裕陵商辂不是浙江第一吗,怎么过不了会试关呢?明代的科考,并不是写一篇"八股文"就行了,考试的内容十分全面。无论乡试还是会试,大到治国总论、封建伦理、经济理财、军事武略、文化教育,细到农业生产、水利建设、钱粮赋税、马茶盐铁、公私财产、田亩纠纷,对上的报告怎么写,对下的批复怎么批,断的案子怎么给人家一纸判决书,等等。这一圈下来,被录取的人,放到下面当个地方官,或留在中央做个机关干部,直接上岗才是合格的。

商辂会试落选的另一个原因,应该与他是浙江人有关。

明朝会试的录取,是按地区分配名额的,跟现在清华、北大招生将招生名额分到各省相类似,不同地区的录取"分数线"并不一样,不是考了高分就必定会录取。

明洪武三十年(1397),发生了著名的"南北榜案(春夏榜案)"。这年春天,由刘三吾主考的会试,录取了51人,全部是南方人,引发严重的社会矛盾,被指斥评卷不公。

其实,这一科的会试,考试与阅卷是公平的,问题出在明朝的版图太大,南北经济、文化发展不平衡上。为了平抑社会矛盾,明太祖朱元璋杀了张信、白信蹈等二十多个考官、复查官员,于秋季举行第二次会试。这一次一个南方人都不录取,只录取了61个北方人。

状元张信,因为只知公平,不懂公正,白白丢掉了自己的性命。

科举的最终目的,是为封建王朝选拔执政队伍。纯粹的选读书人出来做官不是目的,当官的根本目的是为朝廷做事。但在客观上,明朝的科举为社会底层开辟了一条上升的通道,使社会阶层趋于垂直流动,不至于成为"高压锅"。录取作为整个科举的最终环节,事实上有不同区域政治均衡的考虑,一定程度上需要反映和体现地方民意。封建时代,人民不可能直接掌权。地方及民意的诉求要上达顶层,很大程度上依赖地方官员。而科举制度,则具有某种代议制的色彩。正因为如此,科举制度也被一些人视为相对公平的代议制度。

"南北榜案",在一定程度上体现了全国统一形势发展中平衡南北政治的要求,并开启了明朝分南北取士的先例,至洪熙以后遂成定制。在一定程度上普及文化教育,提高落后地区考生的学习积极性,平衡政治关系,乃至维护国家统一,惠及边远少数民族地区。

所谓分卷录取,就是根据全国各地经济、社会发展状况,分南、北、中三卷录取进士,尽可能保障不同地区都有人进入国家治理阶层。到明朝中期,终变成了"南榜""北榜""中榜"。南卷的范围包括浙江、江西、福建、湖广、广东五省,以及南直隶的应天、松江、苏州、常州、镇江、徽州、宁国、池州、太平、淮安、扬州和广德州;北卷范围是山东、山西、河南和陕西四省,北直隶的顺天、保定、真定、河间、顺德、大名、永平、广平和延庆州、保安州,以及辽东、大宁、万全三个都司;中卷范围是四川、广西、云南、贵州四省,以及南直隶的庐州、凤阳、安庆和徐州、滁州、和州。贡士人数录取比例,固定在南榜55%,北榜35%,中榜10%。

经"南北榜案"促成重大的变革,科举录取不再是"全国统一划线",而是按照其所处的地域进行排名,分别录取出贡生后,再统一参加殿试。这个制度不但此后沿用于整个明清两朝,与今天高考中的

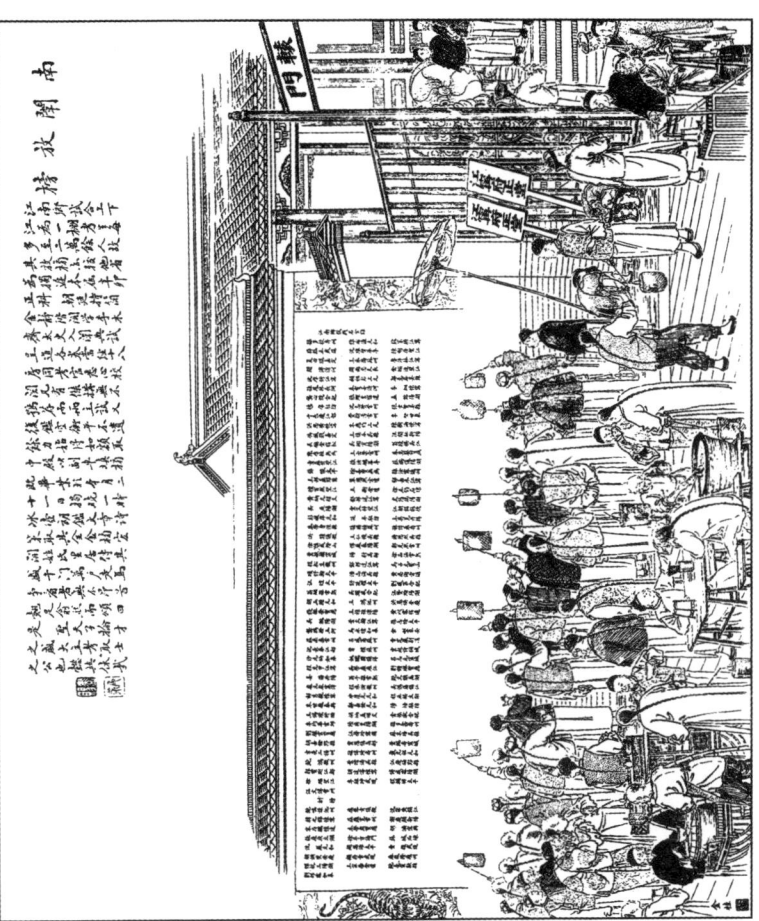

南闱放榜

选自晚清著名画报《点石斋画报》。"放榜"一词,最早出自唐代李肇《唐国史补》:"既捷,列书其姓名于慈恩寺塔,谓之题名会。"放榜日是一个万众瞩目的日子。这天,官吏将录取名单文贴在考场的墙外。图中描绘的是光绪十七年(1891)江南乡试放榜时的场景。江南乡试中子日、卯日、午日、酉日举行,俗称"大比之年"。"南闱"指的是江南乡试,"北闱"指的是顺天乡试。还有大群的考生在这里知道自己有没有考中。参加天大考试的考生会在三年生会中等待放榜的那一天。

"分区划线"，也有异曲同工之妙。

高手与高手过招，商辂经历了两次失败，感到了自己实力上的差距，甚至有点灰心丧气。毕竟有个举人身份，商辂说：不考了，养家糊口要紧，弄个教职算了！

这个时候，周叙给了商辂至关重要的帮助。周叙说：你不能把目标定在一个教谕的职位上。

商辂说：那我就回家自学吧！

周叙说：不行，必须上学。

商辂说：那我就再进府学攻读几年。

周叙告诉商辂：同样没用，你必须选择一流的学校去进修！

商辂：上哪所学校？

周叙回答：唯一的一所——国子监！

国子监，又称"太学"或"国学"，国家最高学府和教育行政管理机构。明朝国子监，高峰时国子监有9900余人，甚至还有高丽、日本、等外国"留学生"。

正统七年（1442），春闱不第的商辂入国子监深造。在这里，商辂又遇上了他人生中的另一个贵人——大明最高学府的校长（国子监祭酒），历仕建文、永乐、洪熙、宣德、正统、景泰六朝的著名学者李时勉。像王端一样，李时勉视商辂如己出，悉心辅导商辂的学业。两年多的时间里，商辂几乎没迈出国子监一步，专心研习举子业。

"复读"十年的商辂，再一次迈向会试考场。

《钦定国子监志》

清代文庆、李宗昉等纂修。乾隆四十三年（1778）奉敕撰。隋炀帝大业三年(607)四月，诏令文武官员有职事者，可以"孝悌有闻""德行敦厚""结义可称""操履清洁""强毅正直""执宪不饶""学业优敏""文才秀美""才堪将略""膂力骄壮"等10科举人。大业五年(609)正月，又诏令诸郡以"学业该通，才艺优洽""膂力骄壮，超绝等伦""在官勤慎，堪理政事""立性正直，不避强御"等4科举人。之后，隋炀帝还曾设置明经，进士二科，并以"试策"取士，这标志着科举制已经诞生了。国子监是中国隋代以后的中央官学，隶属礼部，为中国古代教育体系之最高学府，其中功能之一就是协助国家举行科举考核。隋、唐等朝国子监内往往又设太学、国子学等。宋时，只招收七品以上的官员子弟为学生，在建太学前为国家最高学府。明初先设国子学，不久改设国子监。清末设立学部（民国以后改为教育部），废除科举制度，国子监撤销。其中，插图选自《钦定国子监志》之《乐》六卷，这里详细讲了乐制、乐章、律吕表、舞节表，还有礼制乐器图说。祭祀典礼所用乐器包括：镈钟、特磬、编钟、编磬、琴、瑟、排箫、箫、篪、笛、笙、埙、鼓、搏拊、柷、敔、麾、节、羽等

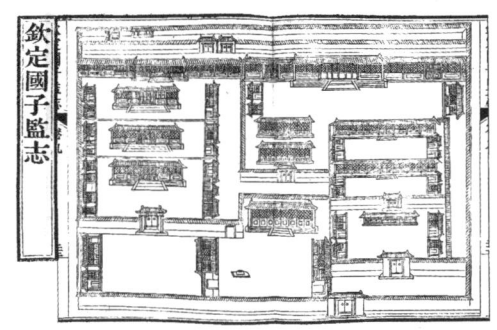

北京国子监三重拱门琉璃牌坊

英国摄影师约翰·汤姆森（John Thomson）1871年拍摄。清乾隆四十九年（1784）扩建国子监时建成（同时扩建的还有辟雍），也称为"琉璃坊"，圆形券门有三重，庑殿式坊顶上配以黄色琉璃瓦，拱门两侧都有乾隆皇帝题词。这座大型琉璃牌坊是全国唯一一座专门为教育而设立的牌坊，是中国古代崇文重教的象征

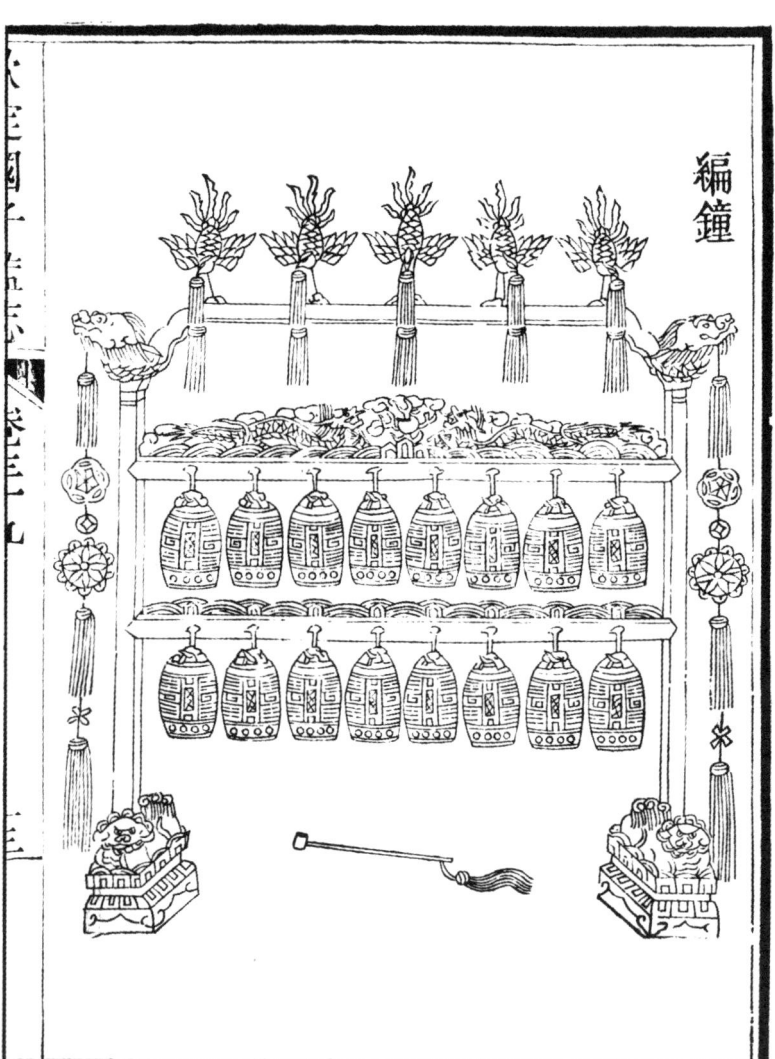

編鐘

礼乐制度

中国从古到今一直便是礼仪之邦，最早可追溯到西周时期，相传礼乐制度是周公所创，礼乐制度同封建制、宗法制相辅相成，对古中国影响至深。礼，分籍礼、冠礼、乡饮酒礼、朝礼、婚嫁丧葬、祭祀礼等诸多礼仪；乐以辅礼，乐是在进行各种礼仪活动时所作的歌舞乐曲，可以配合和调节人类心中的情感。举行祭祀、婚嫁丧葬等活动时，均要使用礼乐器，不同规格的乐器也代表着不同的身份等级

鎛鐘夾鐘

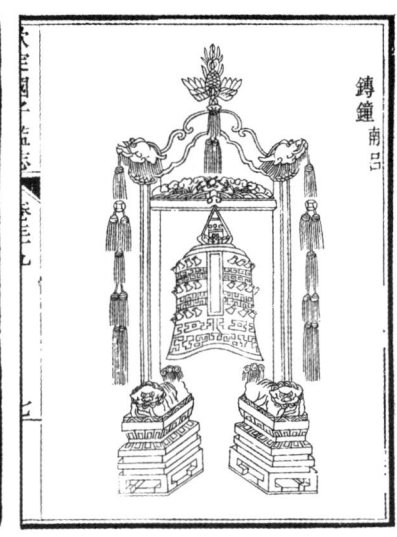

鎛鐘南呂

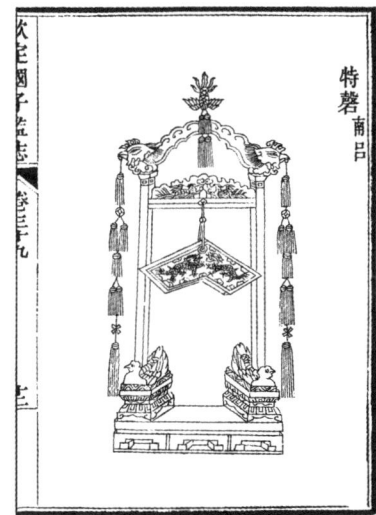

特磬南呂

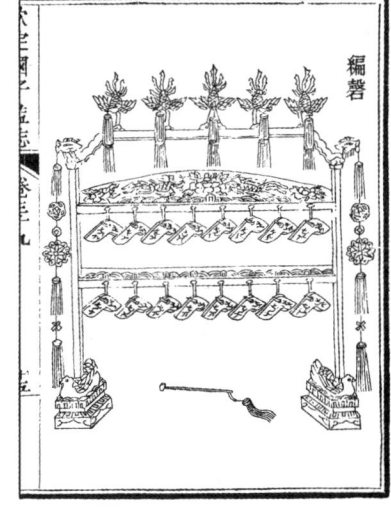

編磬

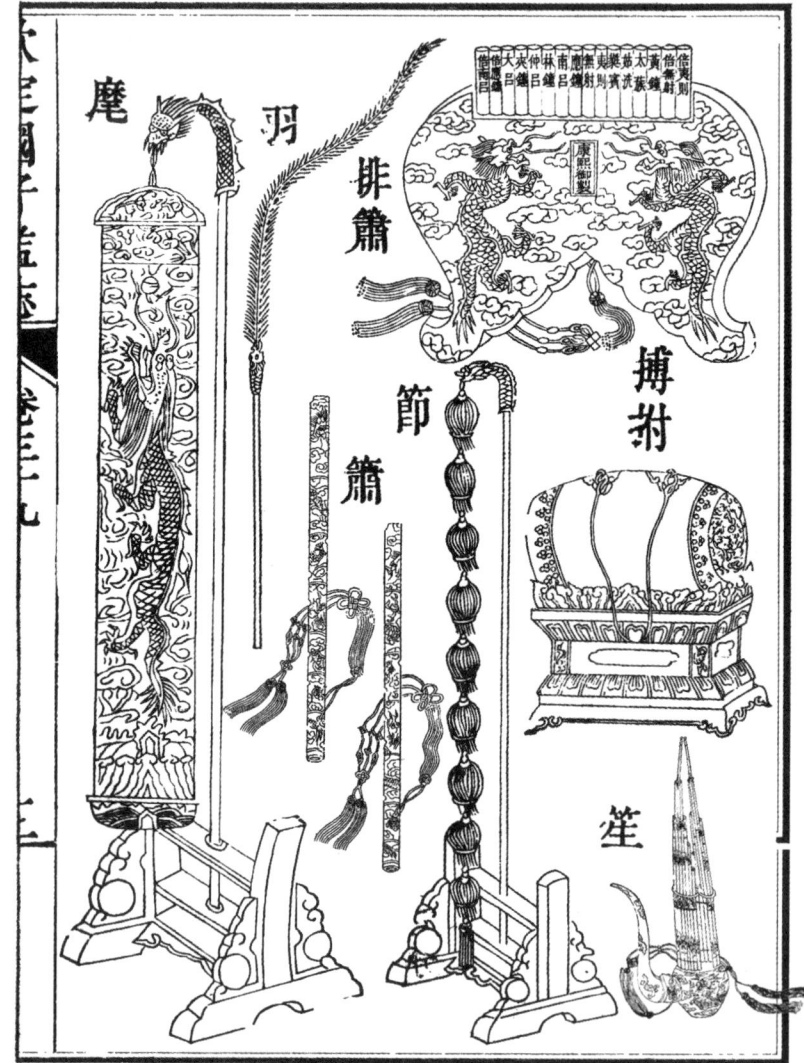

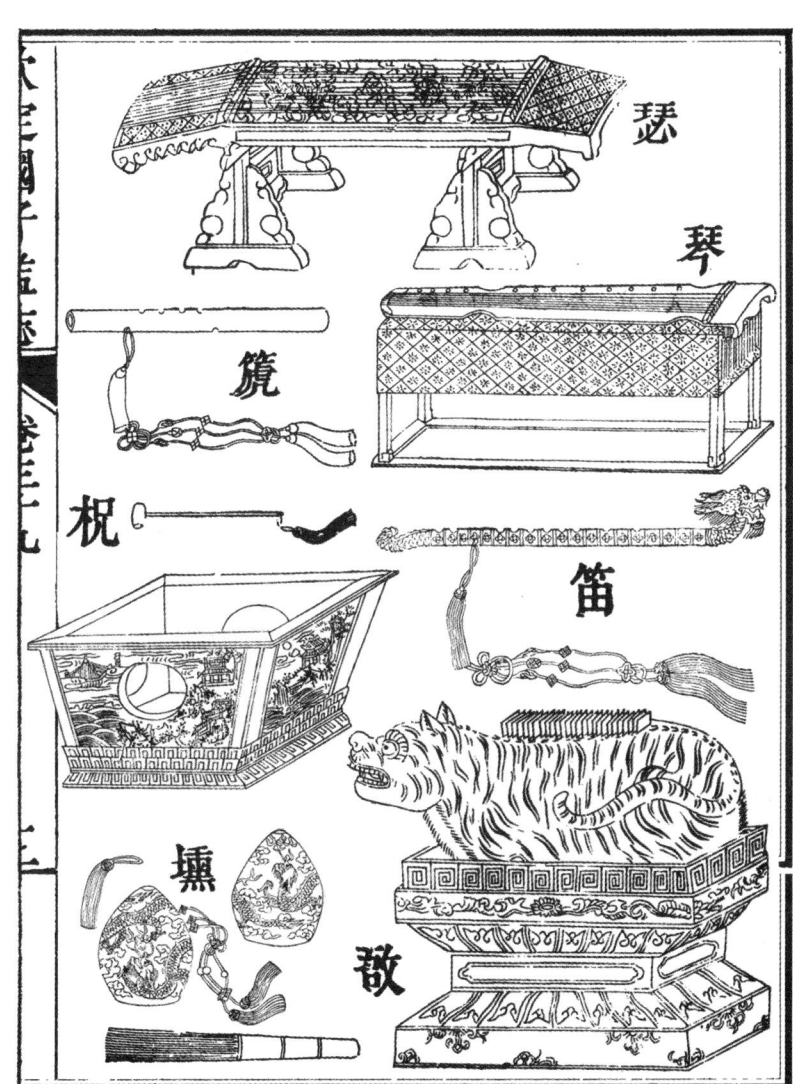

特磬夾鐘

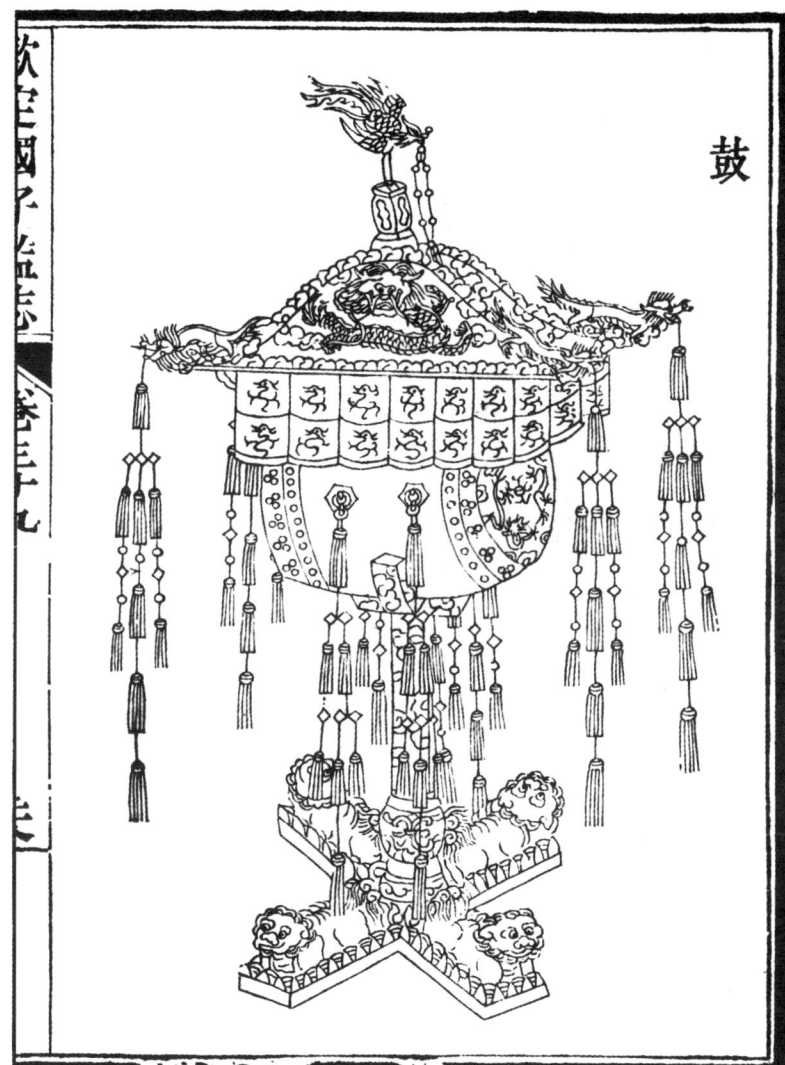鼓

第三章 状元与考神

埋头"复读"十年，商辂只离开过"复读班"一次：正统八年（1443）十二月，商辂回到了家乡。此时，商辂的老母已年逾七旬，一个人如果连父母的恩情都不感念，拥有再高的功名又有何值得称道？而对传统社会的考生们来说，还要感念各路"考神"。

一 感恩的心

商辂省视老母的时间，实际上只有几个月，半年左右的时间会耗在往返路途中。

居家的几个月里，商辂仍是力学不已。商辂对正统十年乙丑科春闱信心满满，同时也是压力重重。这些压力，既来自两科落第的阴影，更来自周围热切的期待——人的本质，是一切社会关系的总和。

正统九年（1444）秋，商辂启行赴京前，淳安地方官及缙绅纷纷设宴为其饯行。知县还向商辂赠送了银两，说沿途驿站的公文已替先生备齐，只待先生高中，光耀我乡邦！

商辂闻言，不胜惆怅——乡邦荣耀，系于一人身上。

给予进京科考者礼遇与资助，是为明清时期朝廷与地方的成例，不仅减轻了学子们的经济压力，也最能激发他们爱国、爱乡的情感。传统社会诸多官员克己奉公，与这种激励密不可分。

清咸丰年间太平军占领安徽铜陵，平民百姓纷纷归顺。举人曹蓝田既不为太平天国政权服务，也不向其交纳钱粮。曹蓝田的亲友劝其不要惹祸，曹蓝田说：自我考上秀才时起，就享受朝廷授予的荣耀；

进京八次赴试礼部,"屡上公车,每次领银十余两。虽未居官食俸,而虚糜朝廷之帑币者,约数百金",良心使然,不能不感念"朝廷培养之恩"。谁也不能说服谁,曹蓝田给亲友留一封《拒诸亲友劝输粟书》,慨叹朝廷"计恩甚厚,一旦反颜,于心何忍",离开家乡,直到去世。

商辂将赴京启程的日子定在九月重

梦迎天榜。选自《点石斋画报·大可堂版第五册》。《点石斋画报》创刊于1884年,是中国最早的旬刊画报,附属于申报,主要描绘了上自朝堂下至民间百态的各种异闻,其中有不少关于科举考试之事。插图讲的是一位叫仪征的年轻人,颇有才气,他的亲戚朋友都很看好他的才学,他也十分自信自己能一举中第。不料春闱未中,伤心之余便外出游历。一天夜里,他梦到有人告诉他天榜来了,叫他去相迎。只见天上一星官手持一函,仙童玉女左右相伴,驾云向南去。有人指着这星官对他说,这是与他同年考中的状元。此后他考试仍多次未中,直到后来才与其邻座少年双双高中,梦中之言得到应验

登科有兆

选自《点石斋画报·大河堂版》第七册。插图讲的是山东某文昌宫年久失修,一秀才倡议重修,但因地契被富人占有,而无人复应。有一天,他在文昌宫内小憩,梦到一个白衣书生在文昌宫贴了一张纸。醒来后发现是文昌宫旧时的田契,富人认为是他感动了文昌星君才得此田契,遂把地契送回。而这年正值科举考试,人们都认为这是秀才将要高中的吉兆。

九,《易经》以"九"为阳数,九九归真,一元肇始,九九重阳是吉祥的日子。离开家乡前,商辂郑重地沐浴斋戒,去了一趟淳安城西的贺公祠。

贺公,三国东吴的官员贺齐,算是淳安立县的始祖。淳安人奉贺齐为"贺公菩萨",皆云贺公菩萨极有灵应。商辂在贺公祠求得签诗一律,诗云:

冯王以老续功名,二帝当阳第一人。

黄阁尊崇遭石窜,绿堂闲散谒金门。

温公再起调鼎鼐,范相重来秉笔衡。

抗论刑臣鞭血地,浩然归去青松迎。

商辂凝视签诗良久,竟不知签诗究竟何意。商辂对经史尤为熟悉,想到宋代有两个三元及第者,一个叫冯京,一个叫王曾,难道"冯王"指的就是冯京、王曾,自己会与冯京、王曾一样连中三元?不太像,冯京、王曾中状元时只有二十多岁,而自己已过了而立之年。

不甚知解,商辂将签诗放入籍箧,一直带到了京城。

大考之前,每一个考生都无法避免空前的压力。

二 各路考神

考前解压,是考生面临的永恒主题。祭拜"考神",为考生祈福,跟"临时抱佛脚"攀不上关系。关键时刻,每一个人都需要精神支撑。

古代科考者,考前要拜哪些"考神"呢?

文昌信仰,远溯至先秦,屈原《楚辞·远游》云:"后文昌使掌行兮,选署众神以并毂。"战国时期的文昌,为掌管行旅的星神,配有众神及扈从随行左右。汉司马迁《史记》中的文昌星,职在司命、司禄。隋唐时期,随着科举制度产生,文昌星渐被视为主掌功名、文运的"利举之神"。唐裴庭裕《东观奏记》载:唐宣宗时,"日官奏:'文昌暗,科场当有事。'沈询为礼部侍郎,闻而忧焉。至是,三科尽覆,日官之言方验。"

文昌星向文昌帝君的演变,始于唐,成于宋。雷神张垩子,为

文昌帝君 即文昌武烈梓潼帝君，简称梓潼帝君、文昌君。战国时期的文昌，为掌管行旅的星神，配有众神及扈从随行左右。汉司马迁《史记》中的文昌星，职在司命、司禄。隋唐时期，随着科举制度产生，文昌渐被视为主掌功名、文运的"利举之神"。文昌星的明暗，唐人已将其与科举考试相关联，文昌星被视为科举守护神。雷神张亚子被称为梓潼君，并与文昌神合一，跃升为全国性的主管功名利禄的文昌帝君，也是道教尊奉的偶像。民间所流传的文曲星指的便是文昌君。在神话传说中，文曲星被视为主管文运与考试的星宿。富于文笔，任职朝廷为大官的，多被指为文曲星下凡。比如，在一般民间信仰中宋相范仲淹、开封府尹包拯、文天祥和《白蛇传》男主角许仙的儿子许仕林等，皆为文曲星转世

文昌帝君阴骘文

民国拓本，哈佛燕京图书馆藏。《文昌帝君阴骘》(zhì)文是教人做善事，指出不仅在行为上要断恶修善，更要在心地上，在暗室屋漏当中要懂得规范自己，不可以产生恶的念头

文昌帝君

清代年画

文昌帝君 选自清末《中国民间诸神谱》,法兰西学院藏

四川梓潼的地方保护神。安史之乱,唐玄宗逃往四川,受到这位地方保护神护佑。唐僖宗避内乱入蜀,张亚子显灵帮助。宋朝咸平年间四川地方叛乱,张亚子护佑王师。官方与民间互动,张亚子被称

文昌宫供奉
文昌帝君的宫殿

为梓潼君，并与文昌神合一，跃升为全国性的主管功名利禄的文昌帝君，也是道教尊奉的偶像。供奉文昌帝君的文昌阁，明代已经遍布各地。

  魁星，本名"奎星"，北斗七星的一星"天枢"。"斗首曰魁"，引申为第一。据钱大昕《十驾斋养新录》：宋初"五星聚奎"，即金、木、水、火、土五大行星连成一线。奎、娄二星对应孔子故乡鲁地，明显带有儒学色彩。"奎主文章"，明代儒学通常都建有"魁星楼"，寓意学子"夺魁"，为科举士子顶礼膜拜。

魁星 选自历代画像传。清，丁善长绘，木版刻印本。原称奎星，指春秋运斗枢所载：北斗中的「第一至第四为魁」。也就是北斗七星的第一至第四颗星，这四星为斗魁（又称璇玑），另三星为斗杓。另一说指「奎星」是离斗柄最远的星天枢。道教信仰中，因为奎星「屈曲相钩，似文字之书」，被认为是主宰文运之神，又称大魁夫子或大魁星君。凡参加考试者，无不尊敬。图中的「魁星」以「魁」字造像，貌似鬼之神祇，右手执笔，左手执斗，身体动感十足。有人认为文昌、魁星为同一星，也有人认为不同。民间也经常把文曲星和文昌星混同。

天文魁星 选自清末中国民间诸神谱民俗版画。法兰西学院藏

佛教中的"考神",为文殊菩萨。传说中文殊菩萨出生时即会说话,智慧超人。文殊菩萨居众菩萨之首,亦是智慧、文化、学业的化身。佛教影响广大,士子中尊奉文殊菩萨者甚众。

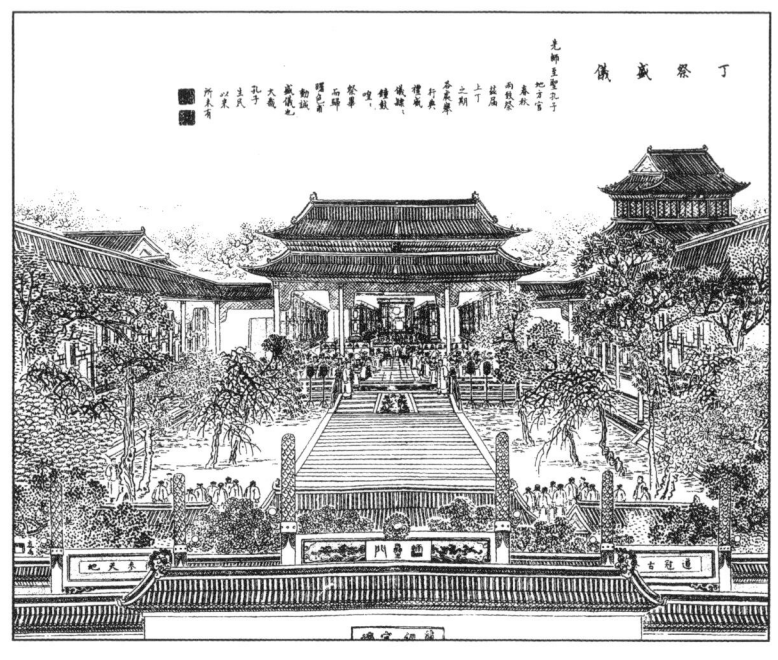

儒释道三教皆有"考神",关公为儒释道三教共奉,关公同样是士子心目中的"考神"。

文曲星是不是"考神"呢?宋代的范仲淹、包拯、文天祥,都是经由科举踏上仕途,其中文天祥还高中状元,民间视他们为文曲星下凡。

神话传说中,文曲星是主管文运的星宿,文章写得好,被朝廷录用为官员的文人,通常多被视为文曲星下凡。传统的文章概念,有庙堂文学

丁祭盛仪 选自《点石斋画报·大可堂版》第二册。讲的是每年春秋两季,当地的地方官都要亲自参加至圣先师孔子的祭拜典礼。孔子,春秋时期著名的政治家、思想家、教育家,也是儒家学说的创始人,他的「仁义」「德治」和「君以民为体」等儒学思想对人们影响至深。他被评为「世界十大文化名人」之首。为了表达对先师圣人的崇敬,越来越多的人建庙祭拜缅怀孔子

文庙 选自日本冈田玉山等编绘的《唐土名胜图会》初集。描绘的是清乾隆乾嘉时期的城市面貌、生活节日习俗、各种典礼等。文庙又称孔子庙、先师庙、夫子庙等。按照"庙学一体"、"左庙右学"的建筑礼仪制度,北京城内的文庙与最高学府国子监比邻,北京文庙又称先师庙,始建于元大德六年(1302),历经明清两代的整合修缮,现如今已有700多年的历史。庙内存放有元明清三代一百多块进士题名碑,这些石碑为后人研究当时的科举制度提供了强有力的帮助。

与山林文学之分,前者多为功名之士,后者多为落第文人,不同的经历导致不同的文章风格,但都不失为精彩。文曲星突出表现为辩智,其象征意义在于文才出众,不经由科举而赢得功名。古代考生,考前拜"考神",很少拜文曲星。商辂赴京前,甚至只拜淳安的地方神"贺公",连淳安县学的"魁星"都未祭拜。

商辂需要参加的,是官方组织的"考神"祭拜。科举士子,为儒家一脉,祭孔是学生每月都有的日常活动。孔子才识博大,考生们自幼即奉其为神。科举开考前三天,官方有盛大的拜祭孔庙活动。祭孔

仪式庄严而神圣，程序有三十余条之多。祭孔的意义，对官方来说，是祈求孔圣人保佑科科顺利，天下英才尽归朝廷。对考生来说，是希望孔圣人在天之灵，给他们带来好运气。

官方祭孔结束后，考生们可自由选择自己的"考神"。现实生活中，到底哪尊"考神"最灵验呢？

其实，真正的"考神"非考试官莫属。考生的文章不是写给自己看的，而是写给阅卷老师看的，不能由着性子写，老师认为好才是真的好。

正统十年（1445）乙丑科会试的考试官，是个什么水平？

考试官钱习礼，翰林学士，"首席博导"就是他了；考试官马愉，侍讲学士，可以给皇帝讲课，专业编教材。

这二人，都是大明朝货真价实的才子。

钱习礼（1373-1461），永乐六年（1408）江西乡试第一名举人，即解元；永乐九年二甲进士，离状元也就差那么几步。并且，担任过十次乡试、会试的主考官，走过的桥真比考生走过的路还多。

马愉(1395—1447),永乐十八年(1420)山东乡试第三名举人,离解元也就差两步,但最终扳回了一局:宣德二年(1427),马愉高中状元,填补了大明朝江北地区状元的空白。

没有真才实学,入不了这二位的法眼!

正统十年二月七日,商辂踏进了会试的考场。

考得如何?马愉对商辂考卷的评语是:"文词明畅,讲理亲切,可

取。"考试官说商辂"可取",商辂录取应该没有问题了。

钱习礼对商辂考卷的评语是:"此题本难作,惟此篇言周公告君之意,反复详尽,超出众作,佳士也!"

两位考试官,一个说商辂"可取",一个说商辂"超出众作",毫无争议,商辂不仅被录取,还是第一名。

商辂闪亮过关,夺得会试中的"会元"。

十同年图卷 明、绢本、设色,纵48.5厘米、横257厘米。北京故宫博物院藏。

卷后有李东阳书《甲申十同年图诗序》。图中的明代官员同为明天顺八年甲申(1464)的同榜进士,弘治十六年(1503)三月二十五日,朝中九位大臣在刑部尚书闵珪府中聚会。画面上人物分三组,从卷首起第一组三人分别是南京户部尚书王轼、吏部左侍郎焦芳、礼部右侍郎谢铎。第二组四人分别是工部尚书曾鉴、刑部尚书闵珪、工部右侍郎张达、都察院左都御史戴珊。第三组三人分别是户部右侍郎陈清、兵部尚书刘大夏、户部尚书兼谨身殿大学士李东阳。此图当时共绘十本,图中每人的相貌均为真实的写照。

太不容易！明代的科举考试录取率奇低，会试的录取只有10%，淘汰率90%。并且，这还以淘汰率极高的乡试为前提。吴宣德《中国教育制度史》：明代乡试的平均录取率仅4%，已先期淘汰96%。明南京鸿胪寺卿张朝瑞撰《皇日月贡举考》：正统十年乙丑科会试，应试者1200余人，录取150人，录取率12.5%，这在明朝已略见偏高。而明朝最少的一科，只录取了32人。

接下来，商辂要参加的就是殿试，这是科举考试中的最后一关。

殿试与会试最大的不同，是没有淘汰，只根据成绩排列名次。除非发现考生有什么问题，才会做出相应的处理。

但是，殿试成绩很重要，涉及工作分配及未来前途。

同时，更难。看看这几位读卷官就明白了。

殿试是以皇帝的名义举行的，皇帝通常只挂个名。臣子怎么能与皇帝平起平坐？不能叫考试官，只能叫读卷官，给皇帝打个下手。

正统十年乙丑科殿试读卷官，一个是兵部尚书徐晞，一个是户部侍郎掌光禄寺奈亨。一个正部级，一个副部级，这行政级别与会试考试官明显就不在一个层次上。

徐晞与奈亨，比钱习礼与马愉更有学问？恰恰相反，徐晞与奈亨几乎没有学问。

徐晞（？—1445），最早只是江阴县衙门中的一个小吏，"干部身份"都没有。后来负责官方的一些工程建设，调入兵部负责看守"弹药库"（武库司郎中）。徐晞看守"弹药库"时，发生了一起盗窃案，徐晞给上级写报告：该小偷"大门而进"。领导一看，没闹明白，为啥徐晞写的是"犬

宋人殿试图 宋代科举考试，要历经解试、省试、殿试三试。解试通过的考生称为"举子"或"贡生"，次年春初参加"省试"。殿试，实际上是省试的一种复试形式，而科举殿试制度也是在宋朝才有，始于太祖开宝六年（973），由皇帝亲自主持。宋朝改革科举制度，不但减少了舞弊，选拔了有真才实学的人，而且也通过了科举制度进一步加强了中央集权

门而进"。就这样，徐晞却当上了兵部"一把手"。

奈亨，开饭店的。奈亨的工作经历，是在光禄寺。明代光禄寺的职能，主要是负责承办朝廷宴会及祭祀活动等。山珍海味见过不少，做学问、写文章就不是奈亨的专业了。明沈德符《万历野获编》中，记载了两个偷吃的光禄寺官员：一个叫茅一柱，盗窃公家火腿，被开除公职；另一个即是奈亨，祭祀活动结束，奈亨将祭品猪肉、鹅肉偷回了家。被下属实名举报，皇帝将奈亨口头批评一次，没有处分，后来还提拔了！

这是怎么回事？精明的读者肯定悟出来了，徐晞

与奈亨，绝对是能力非凡的人。

会试到殿试不搞淘汰，不是多余，也不是纯粹为了体现领导重视，而是要测试应试者的能力。会试、殿试类于"国考"，以考试的方式检查考生的水平与能力。考生知识水平测试在会试中已经解决，殿试必须测试出考生的实际能力。整个科举考试的制度设计，是相当科学的，也是上千年中国人政治智慧的结晶。

在二位特殊的"考神"面前，商辂又有怎样的出色表现？

四 学霸的冲刺

殿试，因为是"天子亲策于廷"，由皇帝亲自主持，所以又称"廷试""廷对""御试"等。明正统十年（1445）乙丑科殿试，地点为奉天殿。殿试之前，另有一场复试，目的是防止会试中榜的贡士存有舞弊。

三月十三日黎明，商辂等贡士齐集午门，由礼部官员进行应试的礼仪培训，然后引导贡士们进入紫禁城内的奉天殿考场。然后，点名、散卷、赞拜、行礼，再颁发策题。

殿试只考"策问"一场，时间以一天为限，日落前交卷。所谓"策问"，跟"国考"中的"申论"很相似，也像命题作文，但考题一般都很长，几百字到几千字都有，甚至"题目"比"作文"还长。考题由内阁预拟一组，考前一天呈送皇帝，皇帝从一组中钦定一题。

正统乙丑科殿试策题，长达500字。这长度，也快赶上"高考作

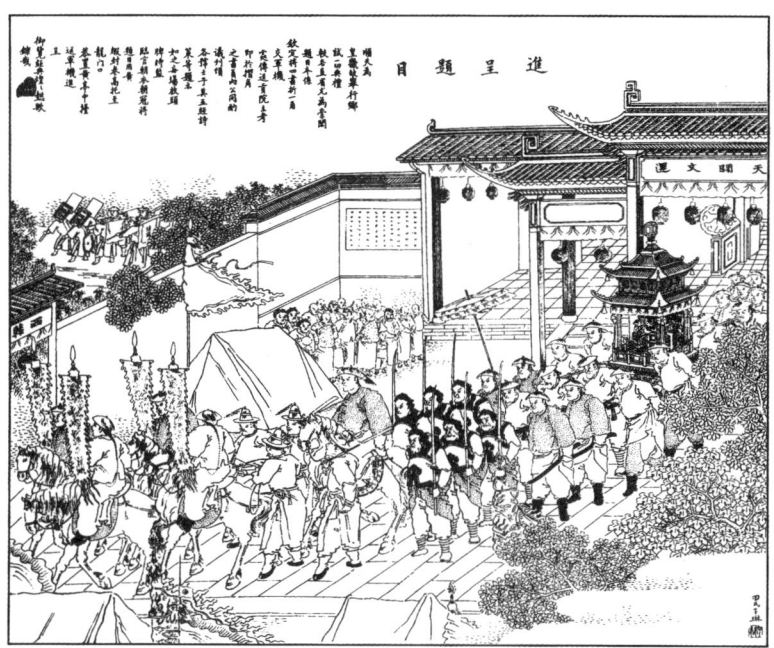

进呈题目

选自《点石斋画报·大可堂版》第二册。插图主要描绘的是考官和侍卫进呈考试题目的场景。顺天府举行乡试时,题目是由皇帝来拟定的,皇帝在四书处折一角、由军机处转送到主考处,主考和其他考官在折角处斟酌出题目。考罢再由考官着朝服恭敬地将封存好的试卷送到军机处,进呈给皇帝。其他五经诗策也是这样一套流程

"文"的字数要求了。

没有必要读这道策题的原文,其意思其实很明了,皇上在问:我祖上成就辉煌,我如何光前裕后?

明了归明了,其实不简单。内阁大学士都是饱学之士,随便一句话都能把人问晕,更何况是绞尽脑汁谋划出来的。

策题不简单在什么地方呢?策题的结尾是这样的:"诸生明于道艺,必讲之有素,悉著于篇,朕将亲

览焉。"

这像是"高考作文"的写作要求，不言自明之处，是皇帝要亲自阅览。九五之尊的皇帝，要的是治国之策，请你发表高见！

治国理政，是个重大课题，怎么也要弄个"课题组"？偏不，考生必须在指定时间内，一个人独立完成。真有考生能回答得完美无缺，不说是"优秀"，定个"称职"等次，肯定是没有问题的。

事实上，贡士们虽然年纪不一定小，但几乎都没有实际从政经验，让他们当个乡长，也不一定能拿出什么好的办法，何况是谈治理国家？这就像公司招个刚出校门的小姑娘，董事长问人家："姑娘，本公司去年赚了个天文数字，今年如何比去年赚得更多？"

天呐！小姑娘要是能做到招招得体，这姑娘得有点"仙姑"的水平！

这道"申论"，商辂足足写了2500余字。而殿试策对，一般只要求写到1000字。

商辂答题完毕，收卷官收卷，送交弥封官；弥封官弥封完毕，送给掌卷官；掌卷官送交东阁，再交读卷官评阅。

殿试评卷时间很快，明朝规定："殿试毕，次日读卷，又次日发榜"。实际读卷时间，只有一天。读卷官将150份试卷分作三等：一甲3份，二甲50份，剩下的97份为三甲。每甲试卷都排出名次，皇上一般只看前十份，然后用朱笔钦批"第一甲第一名"等几个大字。一甲3人称"赐进士及第"，二甲50人称"赐进士出身"，三甲97人称"赐同进士出身"。一甲三人，依次称"状元""榜眼""探花"。

明状元赵秉忠殿试卷

赵秉忠（1573—1626）。明万历二十六年（1598）25岁时科举考试中一甲第一名进士，状元。授翰林院修撰。时任礼部侍郎，曾至礼部尚书。秉忠殿试卷是我国历史上现存的唯一的一份明代状元卷真迹。

殿试题目为："何帝王之政和帝王之心。"

试卷内容为："臣闻帝王之临驭宇内也，必有经理之实政，而后可以约束人群，错综万机，有以致雍熙之治；必有倡率之实心，而后可以淬励百工，振刷庶务，有以臻郅隆之理。立纪纲，饬法度，悬诸象魏之表，着乎令甲之中，首于岩廊朝宁，散于诸司百府，暨及于郡国海隅，经之纬之，鸿钜纤悉，莫不备具，充周严密，毫无渗漏者是也。何谓实心，振怠情，励精明，发乎渊微之内，起于宥密之间，精神意忠，沦之四境，灌注于边疆遐陬，沦于宫闱穆清，风于辇毂邦畿，一官之置，一钱之出纳，肌肤形骸，毫无壅阏者是也。……"法之置立，日吾为天守制，而不私议兴举，无不畅达；财之置立，日吾为天守财，而不私为盈缩。一官之设，日吾为天命有德，而不识忌讳，干冒宸严，不实心先立，实政继举，何言汉宣哉，一奸之锄，日吾为天讨有罪。盖雍熙之化不难致矣，胜战栗陨越之至。"其正文内容共计两千四百余字，主要写的是赵秉忠回答如何振兴国家及国家吏部方面的事情，其主要阐述了两个理念：其一是一位君王要树立之"实政先立"的信心，带领大臣实干兴邦。另一个是"实政继举"，君主应该实施政策来保证自己的思想。如此一来，就能够国泰民安了。

商辂凭什么夺得殿试第一？从乡试到殿试，商辂苦心奋斗了十年，"复读生"已经炼成了"学霸"，经史功底扎实，引古论今，切中时政，下笔老练，条理分明，见解独到，论述精辟。商辂的策对，核心内容有三点：

一，历史的经验；二，大明的辉煌；三，未来的可期。

这三者，虽说全是文章"套路"，但商辂又给出了具有操作性的实现路径。最后给出一个肯定的答案：英宗皇帝完全可以"远足以追配二帝三王之道，近足以光昭祖宗四圣之业"。

商辂策对最成功之处，在于极易写空之处能写实，完美地呈现了一个考生的思想品格与学识修养。正因为文章的这些特点，打动了以见识与能力见长的"考神"徐晞与柰亨，获得明英宗的认同与赞赏。

商辂在科举道路上，走到了辉煌的终点。由童试起步，经乡试、会试和殿试，中国科举制度设计的所有程序，现在剩下最后一个句号：皇帝钦定结果，再交由填榜官填写发榜。

发榜，即所谓的"金榜题名"。

"金榜题名"中的金榜，俗称"皇榜"，为发布殿试名次的皇帝诏令。唐代皇帝诏书"用白纸多为虫蛀"，后来改用黄麻纸书写。黄色即金色，故称"金榜"。

金榜还是个人名，徽州府歙县人，清乾隆三十七年（1772）壬辰科状元。金榜同学，是科举历史上金榜中唯一的"金榜"。

殿试揭晓的"金榜"，有大小两种。大金榜用来张挂，小金榜用来宣读与存档，分别由中书四人写。

榜文内容先写《制》(文告)："奉天承运皇帝，制曰：某年某月某日策试天下贡士某某某等某某某名，第一甲赐进士及第，第二甲赐进士出身，第三甲赐同进士出身，故兹诰示。"后列三甲中试名单，包括姓名、籍贯、名次及发榜日期，并盖有"皇帝之宝"的朱印。中间用粗重的墨，笔写一个大大的"榜"字，以显气派。

明代大金榜未见遗存，清承明制，两朝的金榜应大体相同。清代大金榜黄纸墨字、巨型横幅，长近20米，高80余厘米。大金榜为卷轴式，最长的达数百米。榜上部每1米左右，有一个纸绳扣，便于张挂以告示天下。

小金榜为大金榜的副本，黄纸经折式，通常长为1米，高约35厘米，不押盖"皇帝之宝"玺印，供进呈皇帝御览，以及举行典礼时宣布名次之用。

金榜填就的次日，皇帝于宫殿接见新科进士，宣布殿试登第名次，是谓"传胪"。

传胪典礼十分隆重，文武百官皆着朝服出席，按品级排立大殿两旁，新科进士亦着朝服，头戴三枝九叶顶冠，按名次奇偶立于东西丹墀之末。

然后，由内阁学士将皇榜捧出，授予礼部尚书，再陈于丹墀正中黄案上，由鸿胪寺官宣读唱名。被唱名的状元，出班就御道左跪；被唱名的榜眼，出班就御道右稍后跪；被唱名的探花，出班就御道左稍后跪，依次传唱。

唱名毕，状元起身迎榜，稍前趋立于中陛石上。陛石正中镌有巨鳌，故状元有"独占鳌头"之美名。

最后，文武百官及新进士向皇帝行三跪九叩礼。礼毕，皇帝乘舆还宫，由礼部尚书用云盘捧承金榜放在彩亭内。校尉抬彩亭，"导以黄伞鼓吹，送出太和中门，至东长安门外，张挂于长安街"，供百姓观看。

独占鳌头

《升平乐事图册》之独占鳌头，清宫绘本，台北故宫博物院院藏。新科进士一甲三名站立的位置是大有讲究的。其中，状元的位置居中，且更加靠前，榜眼和探花则分列两旁，三人组成一个类似三角形的形状。皇宫殿门前台阶上雕着巨鳌浮雕，科举进士发榜时状元跪着的地方，正好是巨鳌浮雕的头部。状元独自一人踏在鳌头之上，接受皇帝授命，由此就有了「独占鳌头」的说法。所以，后来人们预祝考生考试成功的时候就会用「金榜题名」「独占鳌头」这些词汇。

大金榜张挂的地点，是长安左门（长安右门张挂武科大金榜）。长安左门与右门，是皇城通往中央官署衙门的总门，1959年拆除，在今劳动人民文化宫正门前稍东及中山公园正门前稍西处。大金榜张挂三日后，收储内阁大库。

殿试揭榜之翌日，朝廷举行盛大的"恩荣宴"，新科进士、读卷大臣以及受卷、弥封、收掌、监试、印卷、供给等，皆参加宴会。恩荣宴乐用棫朴诗五章，皇帝亲赐衣物

传胪盛典 选自点石斋画报·大可堂版第十七册。

插图描绘的是恩科新贡士四月十一日在保和殿廷试,二十五日举行金殿传胪的场面。图中状元吴鲁、榜眼文廷式、探花吴荫培被宣入太和门,之后会披红花、跨骏马到国子监祭拜孔子。并谒见祭酒,然后三人分道、游街。在明清时期,科举考试在殿试结束后常会有《金殿传胪》的传统。金榜填就的次日,皇帝于宫殿接见新科进士,宣布殿试题名次,是谓"传胪"。其中,"胪"是陈列的意思,"传胪"就是依次唱名传呼,进殿觐见皇帝。《金殿传胪》对于读书人来说是至高无上的荣耀。传胪典礼十分隆重,文武百官皆着朝服出席,按品级排立大殿两旁,新科进士亦着朝服,头戴三枝九叶顶冠,按名次奇偶立于东西丹墀之末。然后,由内阁学士将皇榜捧出,授予礼部尚书,再陈于丹墀正中黄案上,由鸿胪寺官宣读唱名。依次传唱,每唱到一名,就会由多个侍卫接力高声重复,从殿内传到殿外。而新科进士听到传唱,就会走到宫殿中间的御道上,向高高在上的皇帝叩拜谢恩,代表从此成为天子门生。若干名二甲、三甲的进士唱完后,传胪官会专门引导一甲的状元、榜眼和探花,来到皇帝座前的阶下迎接殿试榜。被唱名的状元就御道左跪,被唱名的榜眼、出班就御道右稍后跪,被唱名的探花、出班就御道左稍后跪

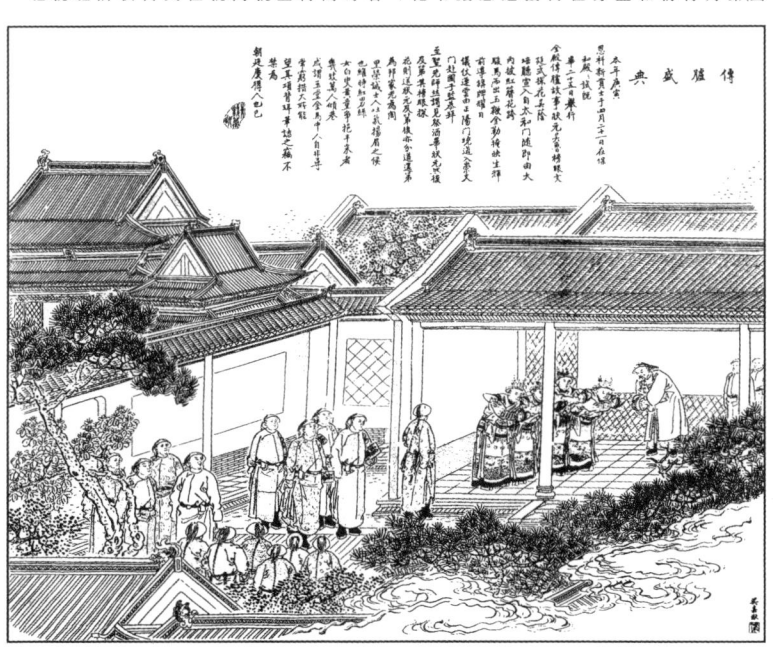

并旗匾银两。恩荣宴,亦即戏剧《女驸马》中的"琼林宴"。

明代传胪唱名的地点在内廷,金榜张挂的地点长安左门。传胪典礼仪式结束后,新科进士要经由太和门、午门、端门、承天门(今天安门),

到长安左门外观看张贴金榜，再回到住处。这一过程也很隆重，民间及戏剧称之为"状元游街"。现在一些地方的"高考状元游街"，大约是受此影响。

"久旱逢甘霖，他乡遇故知。洞房花烛夜，金榜题名时。"此为传统文化中的"四喜"。对奋斗于科场的读书人来说，人生最大的喜事莫过于"金榜题名"。

"金榜题名"，不仅是高中者个人的荣耀，也是家庭的荣耀，家族的荣耀，甚至是地方的荣耀。朝廷会以《进士登科录》、邸报等多种形式，传播四方。对考生家庭，官方会及时送给"捷报"。

明代的"捷报"，是雕版印刷的，填好被录取学子姓名、名次等，加盖官府印章，谓之"过朱"，类如现在的高校录取通知书，但送达仪式尤为隆重。各地官府会安排专人，将"捷报"直接送达学子家中。报喜人骑上高头大马，高举旌旗，带上唢呐班子，一路上鸣炮奏乐，吹吹打打，热闹非凡。《儒林外史》中是这样描述的："只听得一片声的锣响，三匹马闯了来；那三个人下了马，把马拴在茅草棚上，一片声叫道：'快请范老爷出来，恭喜高中了！'"

这段小说，可以当史实看。

收到"捷报"，家人会将其张贴于厅堂里最醒目的位置，对驰报官差赠予"喜钱"。金榜题名，光宗耀祖，家人将极隆重地进祠堂祭拜祖先，再大宴宾客。

试想，《女驸马》中的冯姑娘，"金榜题名"后，她的"录取通知书"是不是等于"拘捕证"？冯姑娘冒充的是李公子，"喜报（捷报）"自然是

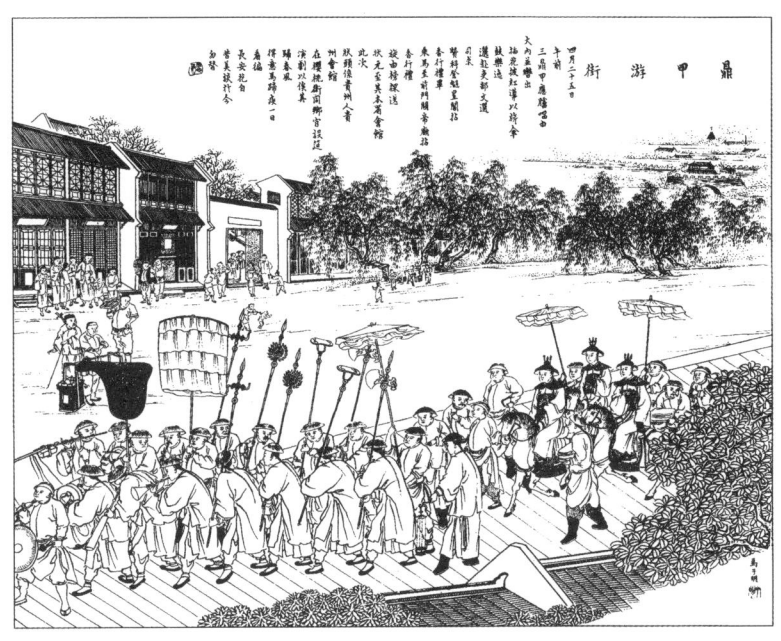

鼎甲游街

鼎甲游街 选自《点石斋画报·大可堂版第三册》。插图描绘的是殿试三甲（合称鼎甲）状元、榜眼、探花从皇宫出来后骑马游街的场面。三人插花披红，身骑骏马，由旗伞鼓乐队伍开道。队伍浩浩荡荡，先到吏部文选司求贤科魁星阁，焚香拜魁星，接着到前门关帝庙进香；随后榜眼和探花一齐送状元回他所在的会馆。三甲春风得意，昂首挺胸一路游街，街边也是人山人海，人人都上街来一睹三甲风采。

送给李公子的家属。李公子正坐牢呢，怎么会有"喜报"？前一个案子还没终结，这新的案子又出来了。这位状元，不仅娶不到皇帝的闺女，还要同李公子成"狱友"。

诗云："金殿唱名，飘飘欲仙；琼林大宴，显贵非凡；立碑题名，耀祖光宗；授爵封官，一步登天。"

办完这些喜事，新进士们就要准备"上班"了。

科场与官场毕竟不同，高中状元的商辂，官场上会有怎样的作为呢？

第四章 状元与奇葩

从童生到状元，商辂无疑是个"好学生"的形象。现实生活中，"学霸"也不乏"捣蛋鬼"，历史上的状元们同样个性鲜明，而非了无生趣。他们的生活多姿多彩，人生命运又难免跌宕起伏。

一 状元聪明得像个傻子

尹枢是唐贞元七年（791）辛未科状元，这位状元，根本就不像一个状元。

尹枢参加考试时七十多岁，年逾古稀。老爷爷拿到试题一看，唰唰地写完了。时间还早，老爷爷在考场睡觉不像睡觉，答题不像答题，一本正经地坐着发呆。

辛未科的主考官是礼部侍郎杜黄裳，巡视时发现竟有考生在耗时间。幸亏不是上课，否则尹枢肯定要挨一戒尺。反正是考试，考得好与坏跟考官也没啥关系。

杜黄裳有点好奇，凑上去瞧了瞧尹枢的试卷。咦——不仅答完了，答得还挺好。好吧，你继续发呆吧。

尹枢其实挺有学识，七十多岁还未考中，是因为唐朝的科举还不是太规范，无论评卷，还是录取，"走后门"现象也同样存在。主观性过强，录取的偶然性就大。录取的一般都优秀，未录取的不等于不优秀。

三场试毕，尹枢进入了录取名单。杜黄裳是第一次担任主考官，细节问题不是太熟悉。考完之后，杜黄裳对众举子道："诸位学士，谁来帮我一把？"

考官就是老师啊，学生帮老师，会不会是个"坑"？精明的考生，

考终命 选自点石斋画报·大可堂版第二册。描述的是80岁老翁上榜,喜极而死的画面。松江县试,有个80岁的老翁前来应试,颁榜时发现自己名列前茅,兴奋过度,乐极生悲,死在了路边

考 终 命

学院行文各属寒行县试松郡
即作上月初十开考有某
童年逾六十赖攷皆白每年则填
八十余篁篁日後登寿
榜也正场作未
冠题案發名前列趾高
气扬案發大喜过望
兼患中颠遣颂跃歟
道喝呼以六十余
岁之老翁前猶以魁中應
童子鼓偏到前
茅便嗃
喜此望外而至
扑路見
功名诀我不乐
大可憾
洪笵
之五福
年始熟讀
者乎

梁状元一世不服老

选自元明清戏曲故事集古本插图。取材于范正敏《遁斋闲览》所载宋梁颢82岁高中状元的故事。剧写老举人梁颢考科举多年却屡试不第，时至82岁终于考中状元。赞扬了考生不服老，不达目的不罢休的超人意志。在科举制的影响下，读书人以中试为荣，将满腔热血和时间都投身于考取功名，既能一展抱负，又能荣耀门楣。剧中人考了一次又一次，最终在82岁之时高中，人之遇各有其时，莫以早晚论英雄，或许大器晚成也未尝不可。

一个都不开口。

尹枢愣愣地走上前："您有什么吩咐？"

杜黄裳道："没有人写榜啊。"

尹枢来劲了："这个我行啊！"

于是，杜考官报一个，尹爷爷写一个。写到最后，杜考官发现"状头"的位置是空的，也就是还缺一个状元。

杜考官问："这里写谁较好？"

尹爷爷咧着嘴："嘿嘿，非老夫不可！"

杜考官一怔，转念一想，尹爷爷还真是个合适的人选。

尹枢就这么当上了状元。

《太平广记》《唐摭言》记载的故事"尹枢自放状头",大体是可信的。科举制度完善后,再也没有这么中状元的了。

宋代殿试有个"潜规则":先交卷子往往就是状元,毕竟大家都是高手,水平也相差不到哪里去。

开宝八年(975)乙亥科,宋太祖赵匡胤亲自坐在大殿等考生交卷。"一把手"嘛,没人敢对他提工作作风方面的要求。宋太祖没注意,面前已放了两份试卷:一个是王嗣宗的;一个是陈识的。

谁先交了卷子,宋太祖也没看清。这么简单的事都不清楚,宋太祖也不好意思问,灵机一动,对王嗣宗和陈识说:"你俩摔一跤,就在这摔!"

儒生嘛,斯文人,皇帝这话啥意思,陈识在琢磨这个事。王嗣宗像个愣头青,"扑通"一声将陈识摔倒在地。

宋太祖哈哈大笑,指着王嗣宗道:"状元,就是你了!"

这种状元花絮,在科举制度完善的明、清时期,就不可能发生了。

但是,也有。

清康熙三十六年(1697)丁丑科,江苏徐州人李蟠参加殿试。

李蟠怎么看都不像状元,说他是建筑工地扛水泥的,倒是更恰当:李蟠身材魁梧,能量消耗比别人大,饭量大那是必然的。

李蟠进殿试考场,馒头揣了36个。老婆为他亲手做的,馒头一点都不偷工减料。李蟠答一会儿题,就拿个馒头啃一口。题目答完了,馒头也啃光了,监考人员一直在嘀咕:"这位大汉,到底是来考试的,

宋太祖赵匡胤画像

宋太祖赵匡胤（927—976），崛起于乱世之中，是宋朝开国皇帝。在『陈桥兵变』中被拥立为皇帝。他结束了割据混战的局面，进一步实现了华夏地区的统一，建立宋朝后，十分重视经济、文化的发展，同时轻徭薄赋，各行各业都得到了发展，实现了社会的繁荣发展，史称『建隆之治』。宋朝开国初期，宋太祖对以往的科举考试进行了改革，严禁朝臣举荐考生，设立特奏名进士（安抚年龄大、多次未中的考生）；增加殿试制度等，减少了科举考试的腐败，保证了考试的公平性，为朝廷选拔了有真才实学的人才还是来借机解馋的?"

一道参加康熙丁丑科殿试的姜宸英,忍着饥饿才拼得了探花,后来特地为李蟠同学(同年)赋了一首诗:

望重彭城郡,名高进土科。仪容好绛勃,刀笔似萧何。木下还生子,虫边还出番。一般难学处,三十六饽饽。

但是,李蟠的饭量大,学问也是海量的。康熙丁丑科,李蟠拿到了状元。

二 状元"陈世美"

"朝为田舍郎,暮登天子堂",高中状元,意味着身份、地位天翻地覆的变化。状元由此变心、变质,作为一个社会问题,应该是存在的。

广为人知的故事,首推《铡美案》。京剧《铡美案》中有一段唱词:"驸马爷近前看端详:上写着秦香莲她三十二岁,状告当朝驸马郎,欺君王藐皇上,悔婚男儿招东床,杀妻灭子良心丧,逼死韩琪在庙堂。将状纸押至爷的大堂上,[摇板]咬定了牙关你为哪桩?"

寒门子弟陈世美,高中状元后经不起富贵荣华的诱惑,为了当稳驸马,不惜杀妻灭子,这种人确实够可恨的!

陈世美是不是古代状元?《包公案》的故事背景是宋代,小说其实出自明代。科举史料中,宋代没有状元陈世美,明代也没有状元陈世美。有人考证,陈世美的原型是陈熟美,即陈年谷。但是,有《包

铡美案

年画。铡美案的故事源于增像包龙图判百家公案〔明万历二十二年（1594）刊行，又名包公案〕。开封府大堂常摆着三口铡刀：龙头铡（火龙铡）专铡违反国法之皇亲国戚；虎头铡专铡文武贪浊污恶百官；狗头铡（犬头铡）专铡穷凶极恶之平民百姓。故事中，陈世美中状元，又当了驸马，原妻子秦香莲带领子女入京寻夫，陈世美不认，反使家将韩琪追杀他们母子灭口。秦香莲哭告实情，韩琪自刎于三官堂。秦香莲到包拯处控告，包拯设计召来驸马，与秦香莲对质。包拯欲铡之。太后、皇姑前来劝阻，包拯不顾，用龙头铡（即火龙铡）铡死陈世美。陈世美也因此故事成为「负心男人」的代名词。事实上，陈世美的故事发生在清代，是戏曲家将故事放在了宋代。民间故事中，包拯审的其他的著名案件还有狸猫换太子（见打龙袍图流）、乌盆案、铡包勉、铡判官等

公案》时还没有陈年谷,并且他也不是状元:陈年谷是顺治十二年(1655)乙未科三甲进士,顺数第三百九十二名,倒数第八名,跟状元的距离不是一般的远。活脱脱的伪考证!

文艺作品,虚构是必须的。

科举史上,有没有类似陈世美这样的状元呢?有,还真是宋朝的。

张孝祥,南宋著名的词人,绍兴二十四年(1154),张孝祥参加礼部试,得了个第一。已经连中两元的张孝祥,接下来就要参加殿试。不过,张孝祥"三元及第"的想法是没有的。

为啥?与张孝祥一同参加殿试的人中,有个考生名叫秦埙。

秦埙不太有名,他爷爷就太有名了——宰相秦桧。秦桧连岳飞都能弄死,弄死个张孝祥,还不像踩只蚂蚁?

出人意料的是,放榜时状元居然不是秦桧之孙秦埙,而是张孝祥!

爆出罕有的"三元及第",老张家拿着喜报,心情比拿着"病危通知书"还难受。

宰相秦桧,能得罪得起吗?秦宰相不是肚里能撑船,秦宰相是肚里能吞船!

偏偏,张孝祥又有个不大不小的把柄。张孝祥是个风流才子,年轻时跟一个李氏姑娘好上了,弄大了人家的肚子,还生下了一个孩子。这孩子就是后来的张同子,据说当了神仙。

老张家没办法,说姑娘你回家吧,孩子你也带走,你要多少钱我们给!

张家将李姑娘送回了老家，李姑娘当了道姑，私生子做了道童。生怕夜长梦多，张家立马让张孝祥娶仲舅之女时氏，把张孝祥与李姑娘的事给遮挡掉。

秦丞相后来并没有找张孝祥的麻烦，这不是秦丞相变好了，而是他太聪明。秦桧权势太大，连高宗都不太放心。高宗授意不让秦埙当状元，就是要敲打敲打秦桧，意思是这天下是我赵构的，不是你秦桧想咋地就咋地！秦桧再猖獗，遇上皇帝还是要绕着走的。

张孝祥的状元当稳了，心里老是后悔难过，经常填词，什么《念奴娇》《雨中花慢》《木兰花慢》《转调二郎神》，等等，都是为李姑娘而写。

三元及第牌匾 古代科举制度中，取得乡试第一名叫解元、会试第一名叫会元、殿试第一名叫状元，合称三元。在乡试、会试、殿试中均考得第一名，则称为『三元及第』或『连中三元』。中三元的考生也只有寥寥十几人。这块牌匾是清朝嘉庆年间时任太子少保、兵部尚书、督察院右都御史、总督广东广西地方军务的阮元为嘉庆年间桂林陈继昌题写的，无年款。此匾位于广西桂林市区的『王城』（明代靖江王府的一座城垣）礼门内侧。匾长7.2米、宽1.85米。陈继昌，嘉庆十八年癸酉科解元，嘉庆二十五年庚辰科会元、殿试状元，他也是中国科举史上最后一位『三元及第』的状元，担任过翰林院修撰，并在陕、甘、苏等地任主考，知州府等

宋高宗赵构像 宋朝分北宋和南宋两个阶段,共历十八帝,自960年始,至1279年终,共计319年。赵构(1107—1187),宋朝的第十位皇帝,也是南宋开始的第一位皇帝。1125年,金举兵南侵宋朝,宋钦宗被金扣留,宋兵不得不投降,致靖康之耻,遂北宋灭亡。当时的康王赵构南逃至南京应天府登基,建立了南宋。抗金名将岳飞就是这一时期的人物,曾题词:"靖康耻,犹未雪,臣子恨,何时灭!"将军岳飞主战,宰相秦桧主和,最后民族英雄岳飞因"莫须有"的罪名而被处死

"绿鬓点霜，玉肌消雪，两处十分憔悴。争忍见，旧时娟娟素月，照人千里。"

张孝祥在想，要不是因为这个惹是生非的状元，自己现在正在跟李姑娘共度良宵呢！

张孝祥抛妻弃子是真的，但并不是"陈世美"。现实生活中的状元，应着那句话："家家都有一本难念的经，念不好可能会坠入地狱。"

李姑娘与儿子修道的地方，叫作"张公岩"，是今天安徽浮山风景名胜区的一个景点。

三　状元曾是"高考移民"

张孝祥中状元，多少有点偶然因素。科举考试的偶然因素有多大？应该说很小。1300多年的科举史，科场舞弊案不足30起，完备的科举制度，将各种意外降低到了极限。

但是，只要是政策，都会有对策。古代科考，常被人钻空子的，就是"高考移民"。

"高考移民"，人们并不陌生。方法很简单：录取分数线高的地区考生，"移民"到录取分数线低的省份或地区。如果移民到国外，考上名牌大学的几率就更高了。

古代没有"移民"国外这一说，主要是在文化发达与欠发达的地区动脑子。

核心的一条：古今都采用划地区录取这一规则。

明代的会试录取，分作三大块：南方、北方、中西部地区。南方文化最为发达,录取的难度最大;中西部地区文化欠发达,南方考生如果把户籍移到中西部地区,一定能捡到大便宜。

乡试与童生试,录取的名额是划分到各省府、县的。而不同省份之间,不同的府、县之间,教育水平明显不一样。所以,明清时期,常有福建考生,将户籍移到台湾府。

台湾府那时的教育水平哪能跟福建比呢?福建的考生考不上秀才,就想办法到台湾府去考,考上的概率不知要增加多少倍。这种投机取巧,是谓"冒籍"。"冒籍多一人,则土著更少一人",文化落后地区的考生就更难了。

内地其他省份,同样有这样的问题。人人都懂的道理,官方肯定要严加禁止。

江苏,人文大省,考生的血拼比哪都惨!

光绪二十年(1894)甲午恩科状元张謇,就差点栽在"高考移民"上。

张謇(1853—1926),字季直,号啬庵,江苏通州(今南通市海门)人。

张謇出生于小康家庭,但祖上三代都无人当官,也没有人考过功名,这就叫"冷籍"。冷籍并非不能参加科举考试,相对于"暖籍"考生,冷籍考生报名的"担保"(具结)手续十分苛严。

张謇的老师宋璞斋,对科举规则熟悉,路子也多,帮张家想了一个投机取巧的办法:将张謇改名张育才,冒充如皋人张驹之子,参加如皋县的县试,这就是典型的"冒籍"。但是,张謇"冒籍",不是因为如皋的秀才比海门好考,而是为了取得应试资格。

但宋先生没有料到,他选的这个如皋人张驹,极不厚道。张謇考上了秀才,张驹的敲诈就开始了。贪欲没有止境,张謇的父亲被张驹勒索得快要破产,二人的关系也就闹崩了。

好处没了,张驹一不做二不休,将张謇"冒籍"的事给举报了。皋城学官准备拘押张謇,张謇吓得连夜冒着大雨逃出如皋城。

二十多年后,张謇在《归籍记》中写道:"雨势稍

闹考愈横

河间府开考之日,交河县童生滋事,有人冲进内堂,逢人就打,见物就砸。来监考的胡知府等人只能四处躲闪。众人追至辕门,而那里已经有县役守候,伺机抓闹事者。众童生持棍棒猛冲,差役差点都难以抵挡。不久后,众童生杀出辕门,各自散去。

科场果报

浙江秋闱,五鼓时西文场某号考生自己拿着小刀,在自己腹部用刀猛划几十刀,差役禀告官员后,将此人搀扶回住所。考场这样的惨景并不罕见,不过这人是大家亲眼所见。科场内偶尔也会传出来一些灵异事件

细,而云暗如墨,立桥下久之,易钉鞋而藏鞋,弃灯持盖柄为杖,蹲地定瞬,辨路有高下险易,行数步,辄一蹲,足陷泥淖及踝,钉鞋屡堕,揩杖起之而行。是时忿火中烧,更不知有何畏怖,亦辄作挟利刃砍仇人头之想。又念父母在,此身事大,不值与鼠头并碎……"

看看,当时的张謇,连杀人的心思都有了。

"冒籍"的后果很严重,最轻的就是取消功名。但是,张謇遇上了一个好官:通州知州孙云锦。

求荣反辱

清朝科举制度还是沿用的明朝旧制。广东番禺有个文章，请人代考而入闱，复试之日，胸无点墨的他举着毛笔半天都写不出一个字来。窘急之际，胡乱抄了一段别人的文章交了上去。学宪阅到此卷时勃然大怒，命人将他戴枷锁示众，荣而适以取辱乎。

张謇与梅兰芳合影 1922年,张謇与梅兰芳等在味雪斋前合影。自左向右依次为:姜妙香、姚玉芙、梅兰芳、张謇、王凤卿

孙云锦,安徽桐城人。对张謇的遭遇,孙云锦非常理解。

为啥?孙云锦的籍贯是桐城,实际上是怀宁人。桐城与怀宁,都是安庆府的下辖县,桐城比怀宁文化发达,孙云锦是桐城籍,只能在难考的桐城考秀才。

孙云锦知道平民的苦衷,亲自多方斡旋,最终争得礼部同意,将张謇的学籍从如皋划到了通州,保证了张謇顺利参加后续的科举。

光绪二十年(1894),恰逢慈禧太后六十大寿,朝廷特设恩科会试,42岁的张謇夺得状元。

在现代化大潮涌起的时代,张謇取得了历代状元无从取得的成就:创办了中国第一所纺织专业学校,开纺织高等教育之先河,一生创办了370多所学校，为今天南通大学、上海海洋大学、河海大学、上海海事大学、复旦大学、东华大学、南京大学等高校的创始人；张謇以"实业救国"为己任，一生创办了20多个企业，为中国近代民族工业的兴起贡献良多。

科举违规，风险巨大。中国科举史，险失这位"状元实业家"。没有孙云锦，那将是怎样的憾事啊！

状元的遗憾，又岂止这些。

四 花榜状元

历史上的状元，大多有名。但是，除了家谱，一般很少见到状元夫人的名字。状元洪钧，是唯一一位被夫人盛名压倒的状元。

洪钧，其实也是一位了不起的人物。

洪钧 (1839—1893)，字陶士，号文卿，江苏吴县(今苏州)人。

同治七年（1868）戊辰科，洪钧高中状元。这一年，洪钧恰好步入"而立"之年。状元的官场起步，通常是翰林院修撰，洪钧由此官至内阁学士，兵部左侍郎。

洪钧身处的是一个深刻的社会转型期，状元接受新知识的能力强，洪钧改行外交领域，出任清廷驻俄、德、奥、荷兰四国大臣。

西方的外交礼节，大使都要带上夫人。一分钱不花，就能跟丈夫出国，多好的事情啊！

这等美事，无条件地得归原配夫人享受。

可是，状元洪钧的原配夫人回答：不干！

中国的妇女，通常大门不迈，二门不出，到国外去抛头露面，这不是丢人现眼吗？

原配夫人放弃，机会就轮到"二夫人"头上。

二夫人的想法，与原配夫人一样。但是，二夫人的身份是妾，只是资历老一点，底气没有原配夫人那么硬。二夫人找了个理由："身体不好，漂洋过海，命丢了怎么办？"

不能不说，这个理由还是相当充分的。

外交官上任，总不能连个夫人都找不到吧？洪状元倒没有这方面的难题，夫人不止二位。

光绪十三年（1887），状元洪钧回乡守孝，见到了年轻貌美的傅彩云。洪状元对傅彩云一见倾心，遂纳之为妾。时年，洪状元48岁，傅彩云年仅15岁。

不仅年龄不相称，时机也不太合适：洪钧尚在服丧期。

状元夫人傅彩云，知名度好像不太大。其实不是，傅彩云使用的名字太多，什么赵灵飞、赵彩云、洪梦鸾、曹梦兰等。广为人知的，是她的"网名"(艺名)"赛金花"。这一说，恐怕就没有人不知道了。

赛金花，安徽黟县人。幼年时，就被人卖到苏州的"花船"上为妓。职业不太光彩，场面却见得太多。普通中国妇女，提到"洋鬼子"难免畏惧，赛金花压根没这种意识。

洪钧的原配夫人将诰命服饰拿给赛金花，说这可是真正的大牌服装，平时你连碰的资格都没有，现在借给你，弄坏了你可赔不起！

赛金花说了声谢谢,就陪同洪钧漂洋过海了。

公使夫人赛金花,与丈夫一样十分称职。她在柏林居住数年,到过圣彼得堡、日内瓦等地,周旋于德国上层社会,德皇威廉二世和皇后见了,都对公使夫人连连夸赞。

但赛金花也是命运多舛的人。

洪钧回国后,晋升兵部左侍郎、总理各国事务衙门行走。光绪十八年(1892),洪钧被人弹劾了。

——洪钧在国外,发现一张中俄地图。中国的制图技术有限,洪钧不惜重金买了过来,好心呈交朝廷。但是,这幅地图有多处错误,洪钧又不懂外文。中俄边界起纠纷,沙俄公使以此发难。洪钧悔恨交加,抑郁成疾,次年病逝。

赛金花曾经是妓女,这身份丈夫在世时没人敢说,丈夫一死,赛金花在洪家就待不住了。光绪十九年(1893)秋,赛金花离开洪家,在上海重操旧业:租了两间房,买了两个姑娘。

赛金花精通广告营销,打出两张牌:"状元夫人""公使夫人"。

没有商业欺诈,人家真的是"状元夫人"与"公使夫人"。

赛金花在上海滩,也被人称作"花榜状元"。

"状元"与"花榜"放到一起,另一个状元肺都气炸了。

陆润庠,苏州人,同治十三年(1874)甲戌科状元。

状元陆润庠对上海知府说,你得"扫黄打非",否则你对朝廷怎么交待?

上海待不下去,赛金花北上天津。天津又待不下去,赛金花搬往

赛金花 清末民初著名的交际花,最初是苏州河上花船上的清倌人,后成为前科状元洪钧的三姨太,并陪同洪钧出使德、俄、荷、奥欧洲四国,因其"状元夫人"和"公使夫人"的身份,被称为"花榜状元"。后来被苏州状元陆润庠与上海知府驱离上海。赛金花在天津滨江北道的旧"金花"妓院原址租房,重新挂牌"赛金花书寓",此时改名"赛金花"。赛金花晚年贫困潦倒,1936年去世。赛金花的墓碑是著名书画家齐白石所题,其墓地陶然亭"香家"有张大千为赛金花做的长诗石刻,叫"前彩云曲"和"彩云后曲"。还有清代官员、文学家樊增祥为赛金花做的长诗石刻,叫"前彩云曲"和"彩云后曲"。关于赛金花的文学作品,除夏衍的话剧剧本赛金花之外,还有曾朴的小说孽海花、高阳的小说状元娘子等。

北京,干的还是老营生。

1900年庚子事变,八国联军攻陷北京,赛金花因此名载史册。

清廷与联军开战,导火索是德国公使被杀的"克林德事件"。克林德遗孀要求处死慈禧,赛金花对公使夫人极力劝慰,成功地解决了"克林德事件"。目睹八国联军的大肆屠杀,赛金花挺身而出,游说联军元帅瓦德西。赛金花在随丈夫出使德国时,恰好结识了瓦德西。赛金花对这位旧相识说:"军队贵有纪律,德国为欧洲文明之邦,历来以名誉为第

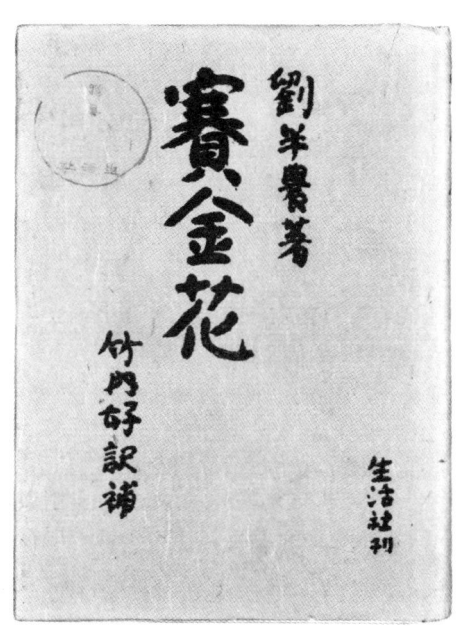

刘半农著赛金花 刘半农在书中写道:"中国有两个'宝贝',慈禧与赛金花,一个在朝,一个在野,一个卖国,一个卖身,一个可恨,一个可怜。"刘半农(1891—1934),中国新文化运动先驱、文学家、语言学家和教育家。1925年获法国国家文学博士学位,成为第一个获得以外国国家名义授予的最高学衔的中国人。是中国实验语音学奠基人。刘半农开创性地将"她"这个汉字增添进了中国文字。那首为了宣传"她"字而创作的白话新诗《教我如何不想她》,成了那个时代的音符

二生命,尤其不应该示人以野蛮疯狂。"

由于赛金花的努力,瓦德西禁止联军士兵焚烧紫禁城泄愤,也没再杀更多的无辜者。赛金花也因此一度被京城人称为"护国娘娘"。

在《京华烟云》中,林语堂说:"北京总算得救,免除了大规模的杀戮抢劫,秩序逐渐在恢复中,这都有赖于赛金花。"

这段往事,赛金花曾亲笔题写了这样一段话,至今保存在博物馆中:"国家是人人的国家,救国是人人的本分。"

"花榜状元"赛金花,应该是个值得尊敬的人。

五 大江东去

滚滚长江东逝水，浪花淘尽英雄。是非成败转头空。青山依旧在，几度夕阳红。

很多人以为，这是电视剧《三国演义》的插曲，其实是大明状元杨慎填的一首词。

杨慎不仅是大明状元，而且被奉为"大明第一才子"。

杨慎不仅是才子，更是一个"官三代"。其祖父杨春，乃湖广提学金事；其父杨廷和，吏部尚书、武英殿大学士，说是"宰相"也未尝不可。

以自身的条件以及祖辈奠定的基础，杨慎应该是事业辉煌的状元。事实上，杨慎是个事业失败的状元。

1. 一个人事业的成败，有诸多必然与偶然的因素，状元也不例外。

杨慎(1488-1559)，字用修，号升庵，四川新都人。

杨慎自幼有"神童"之誉，正德六年（1511）辛未科，杨慎几乎毫无悬念地高中状元，时年24岁。

2. 杨慎的仕途，可谓春风得意。中状元后，杨慎一直在翰林院充任修撰、经筵讲官等职，按照明代"非翰林不入内阁"的惯例，才华横溢的杨慎，迟早会像其父一样，入主内阁，成为高官重臣。

但是，"大礼议"事件彻底改变了杨慎的命运。

什么叫"大礼议"？既复杂，也简单。

简单地说，就是明武宗驾崩后，需要"合法"地选一个继承人。

但是，谁来继承明武宗朱厚照的皇位，相当麻烦：朱厚照没有

杨慎 明代著名的文学家。杨慎自幼有「神童」之誉。正德六年（1511）辛未科状元，这时的杨慎才24岁。入朝为官后，因为明世宗的「大礼议」事件彻底改变了杨慎的命运，杨慎联合229位大臣跪在左顺门外哭谏，惹恼了明世宗，遂被削籍为民，「永远充军」，去了云南。虽然杨慎的状元帽子没了，但状元的学问一点没少。在云南，杨慎写了2300余篇诗文，117本书（杂著），成为了著名的文学家。

儿子，也没有亲兄弟，必须放宽条件来挑选。

选择的范围，只能一再放宽——在武宗的堂弟中来选。武宗的堂弟，这就不是一个人了。从皇位继承的"合法性"考虑，选一个人当武宗父亲孝宗的"嗣子"，什么问题都解决了，这在现代"继承法"上也没有问题。

最终选定的这个人，就是兴献王朱厚熜，即明世宗。

明世宗登基才六天，召集礼部官员，说追封父亲朱祐杬为"恭穆皇帝"。

大臣们一听，这不对啊！兴献王朱祐杬不是皇帝，明孝宗朱祐樘才是皇帝，朱祐杬的儿子只能当兴献王，朱祐樘的儿子才能当皇帝！

皇帝与大臣之间争起来了。皇帝有权，大臣有理，谁也搞不定谁。这一争，就是四年。

3. 杨慎的父亲首辅杨廷和，说皇帝你不遵守"礼制"，老夫退休不干了。杨慎年轻气盛，说这哪成呢，有错必纠嘛！

父亲想不出办法，儿子想了个怪招。

嘉靖三年（1524）七月，嘉靖帝正式下诏，称父亲朱祐杬兴献王为"恭穆皇帝"。杨慎大声疾呼："国家养士百五十年，仗节死义，正在今日！"

这一鼓动，229位大臣跪在左顺门外哭，哭声直达内廷，声称皇帝要是不收回成命，咱们就这么一直哭下去。

嘉靖帝想，这是在与朕争权威呢！二话不说，让锦衣卫上去打。锦衣卫的业务能力比较过硬，当场打死16人。杨慎的体质也比较好，受伤过后性命保住了。

影响太坏，嘉靖帝自然气坏了，认为"杨慎、张原等欺慢君上，震惊阙廷"，将张原又打了一顿，张原当场毙命。杨慎又没被打死，嘉靖帝说，那你就生不如死吧！

杨慎被削籍为民，"永远充军"。

杨慎的状元算是作废了，发配的地点也挺恐怖——云南，烟瘴之地。

年画里的状元

自清光绪年间正式称为年画,中国特有的一种绘画体裁,属于民间艺术。因为是民间艺术,所以绘画内容多为百姓喜闻乐见的场景,都具喜庆吉祥的寓意。主要题材一般为神仙花卉动物类、风俗生活类、人物类、民间故事传说类等

状元及第
独占鳌头
选自清末《中国民间信仰研究》

百子图状元及第 选自清末《中国民间信仰研究》

杨慎的状元帽子没了，状元的学问一点没少。在云南，杨慎写了2300余篇诗文，117本书(杂著)。

状元的学术水平太高，课题不够研究，杨慎开始研究"美女"。

状元研究"美女"，这在明朝相当敏感。杨慎聪明，他说从安宁土知州董氏那，发现一本汉朝"秘卷"：《汉杂事秘辛》。其实，这本书正是杨慎的专著。

杨慎科学地总结出"美女标准"，包括美女的身材、五官、皮肤、头发、胸部、步态，甚至肚脐、私处等。其中：

身高，"自颠至底，长七尺一寸"，相当于163.3厘米；

臂长，"自肩至指，长各二尺七寸"，相当于62.1厘米；

手指，"指去掌四寸"，相当于9.2厘米；

腿长，"髀至足长三尺二寸"，相当于73.6厘米；

脚长，"足长八寸"，相当于18.4厘米；

肩宽，"肩广一尺六寸"，相当于36.8厘米；

臀围，"臀视肩广减三寸"，相当于30厘米……

对照一下当代"美女标准"，差不多就是状元杨慎制定的。

正常情况下，被处罚的官员都会有复起的机会，但杨慎没有。嘉靖帝在位期间，曾六次大赦，都不包括杨慎。

状元，知名度太大，杨慎影响力更强，嘉靖帝一辈子都在嫉恨让自己威风扫地的状元。

如果说杨慎的命运与皇帝有关，另一些状元从官场消失，就怨不得别人了。

龙汝言,安徽桐城人,清嘉庆十九年(1814)甲戌科状元。

龙状元幼时家贫,经济上依靠的是老丈人家。经济基础决定上层建筑,老婆在家庭的地位特别高,龙汝言在家经常受气,并且不敢出声。

现在,都是状元了,再忍不合适,但老婆的脾气无法改掉,吵嘴的事便经常发生。这天,龙汝言与老婆吵上了,便充起了大爷,跑到朋友家喝酒去了,并且一喝就是好几天,全不把老婆当回事儿。

龙汝言出门后,馆吏到龙汝言家取《高宗实录》。《高宗实录》龙汝言还没校完,但老婆也在气头上,她什么话也不跟馆吏解释,便把《高宗实录》交给了对方。

嘉庆皇帝接到《高宗实录》一看,乾隆皇帝庙号"高宗纯皇帝",居然成了"高宗绝皇帝"。"纯皇帝"变成"绝皇帝",这不是咒骂皇家吗?嘉庆皇帝这个气啊,百分之百的"大不敬",杀头都不冤!

"纯"字抄成"绝"字,虽是书吏笔误,但《高宗实录》上所贴的黄签,写的又是"臣龙汝言恭校"。嘉庆帝大怒:龙汝言"办事疏忽,着革职永不叙用。"

"永不叙用",龙状元一个闪失,丧失了自己的锦绣前程。

状元是科举的顶峰,也是考生人生的转折点:过去年纪再大,都是"学生",学生有什么失误,可以挨顿批评了事,最多是找家长;现在年纪再小,都是"公务员",公务员有闪失,那必然要付出相应的代价,甚至是沉重的代价。

状元商辂,他在官场将遭遇怎么样的经历?

玉女常怀及第郎 选自清末《中国民间信仰研究》

第五章 状元比谁都精明

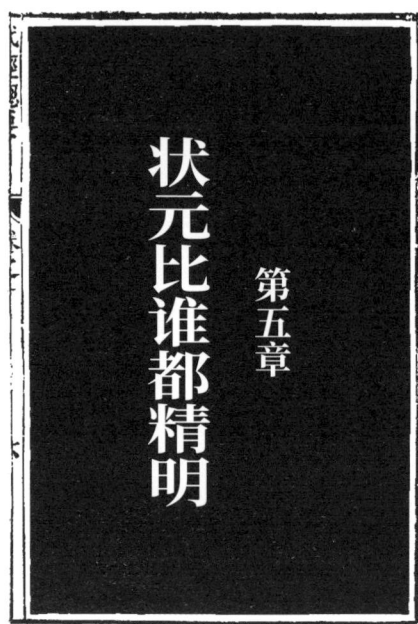

状元的命运与作为，都是与时代紧密相连的。与历代状元最不同的是，商辂生在了一个最不和平的和平年代。

这是宿命，还是使命？状元会给出与众不同的答案。

一 状元与太监

商辂夺得状元，进入了翰林院。这是一个招人耳目的单位，翰林院为皇帝的秘书机构，因为在皇帝的身边，日后晋升的机会很多。明代的进士工作分配是有规矩的，一甲进士没有"实习期"，状元授翰林院修撰，榜眼、探花授翰林院编修。翰林院修撰为从六品，翰林院编修为正七品，第一名与第二名之间，起步时就差了一级。二甲进士一般也进入翰林院，但只是庶吉士，三年后考试合格者，才分别授予翰林院编修、检讨等。剩下的发往各部，"实习期"结束称为"散馆"，能力不错的授予知县实职，一般的只能担任"国家机关"七品或级别更低级的官员。

现在大家应该知道，若会试到殿试未被淘汰，贡士们为什么要拼命争个好排名了。

状元 选自《中国人物服饰、器物外销画》。大约绘制于18世纪

翰林院 选自唐土名胜图会。日本冈田玉山等绘,1985年北京古籍出版社出版。唐土,是日本对中国的称呼。这本书的插图详细描绘了清朝全国各地城市和紫禁城的繁华场景及故宫各处宫殿建筑,皇家的各种礼仪制度、祭拜场所、皇家器物、皇室、大臣的衣物品,至是作战的戎服及武器等,内容应有尽有,十分详细,一份十分珍贵的图画古籍。翰林院,自唐朝开始设立,宋朝开始与科举考试产生联系,明代以后正式成为养贤储才之地,翰林学士负责修书撰史等,是历代培养高官和高层次学者的地方。无论哪个朝代,翰林院都聚集着大量当下的精英分子,翰林学士社会地位十分优越

　　商辂在京城的朋友不是很多,过去在太学主要精力全放在学习上了。经常走动的,是同乡姚夔。

　　姚夔也是个厉害的角色,严州府桐庐县人。跟商辂一样,姚夔夺得浙江省乡试"解元"。上一科会试时,也跟商辂一样夺得了"会元"。殿试上,姚夔只进了"前十强"——全国第九,二甲第六名进士,担任吏科给事中。

　　有一天,姚夔与商辂聊天,姚夔说:"你这种认真工作的精神值得赞赏,但有一件事你忘记做了。"

　　商辂问:"我是个新手,有什么疏忽,您得提

醒啊！"

姚夔说："你应该去拜访一个人。"

"谁？"商辂注视着姚夔问。答："王振。"

商辂一听，放下茶杯哈哈笑了起来：他是太监，传声跑腿的，我拜访他干吗？

姚夔道：这可不像你的悟性。太监与皇上之间是"直通车"，你只是皇上身边的一个普通"秘书"，暂时还不在一个层次上。那天王振见到我，还特地提到这茬事，说姚给谏，新科状元是严州人，要做好官，怎么不来见我呀！你说，人家这不在惦记你吗？

商辂知道姚夔说的是什么意思，但拜访王振的事，一直没有什么动静。

宦官王振，究竟是个什么人物？千万不要认为，宦官都是没有文化的，只能干些鸡毛蒜皮的好事或坏事。王振不是一个凡人，他最终成为明朝第一个专权的宦官。

王振早年当过教书先生，后来在县衙还干过小吏。明成祖为了提高宫中妇女的文化素质，动员儒生自宫进宫。尽管这档事与儒家观念存有冲突，但王振还是积极响应领导号召，主动把自己给解决了。

有文化，敢对自己下手，这样厉害的角色历史上没有几个。

进入皇宫，王振在宦官队伍中鹤立鸡群，表现也相当不错。这时的明朝，只有过六位皇帝，王振侍奉了成祖、仁宗、宣宗、英宗四位，并且这四位对他印象都不错。让一个皇帝说好容易，让四个皇帝全说好，岂是易事？

《**商辂三元记**》（又名《断机记》）是明中期以来的一部剧作，讲的是明代商辂科举考试"连中三元"的故事。全书共两卷，三十八折。剧中商辂幼年丧父后由父亲妾秦雪梅养大，秦雪梅断机教子，使得商辂发奋读书，最终三元及第荣耀门楣。只是剧本中的商辂与现实中的商辂，除了都"连中三元"外，几乎没有其他共同点

雪梅断机教子

商辂冠巾赴考

迎送商辂入学

商辂入场赴考

王振在英宗朱祁镇继位后,工作表现得非常尽职。有一次,英宗与小宦官在宫廷内击球玩耍,被王振看见。第二天,王振当着内阁大佬"三杨"杨士奇、杨荣、杨溥的面,跪在地上,边哭边恳请皇帝把精力放到国家大事上。忠心伴热泪,连"三杨"都感动了,一起慨叹:宦官当中,也有这样忠心耿耿的人啊!

皇帝喜欢,辅臣夸赞,王振升任司礼太监,提督东厂。登上宦官队伍的顶峰,王振开始为所欲为。传说明太祖当年为了防止宦官干政,在宫内竖了个三尺高的警示牌,上铸八个大字:"内臣不得干预政事"。这牌子后来没了,就是王振给藏起来的,皇帝也没追究这个事。

王振权倾朝野,士大夫莫不趋赴,商辂却置若罔闻。并且,还把另一个太监王高给顶撞了。

王高是与王振同时存在的另一个权势太监，有时皇帝召集身边人商量事情，王高理所当然地列席。王高没文化，但王高有闲话，喜欢对文稿发表意见。商辂一听就烦了，说你根本就不懂，公文哪能那么写呢？

王高很没面子，尤其是当着皇帝的面被商辂打脸。想来想去，觉得这样不好，便派了手下的人上商辂家，说王公公准备请状元公上茶楼坐坐，有点工作上的事儿顺便沟通沟通。商辂道："朝廷什么事都是大事，工作上的事应该在办公室或会议室讨论。私居弗往！"

又把王高给得罪了。商辂该是惹祸了。

但是，王高并没有找商辂的麻烦。太监当中好人也是有的，王高是个正道直行、忠良恭谨的人，只是话多。

相反，商辂并没有正面冲撞的王振，很快就要把商辂乃至整个大明带进沟里。

二 状元与皇帝

钦点商辂为状元的正统帝，是一个相当复杂的皇帝。

朱祁镇（1427—1464），明朝第六任皇帝，年号正统。因为他又做了第八任皇帝，改元天顺。正统帝是他，天顺帝也是他，称呼容易乱。其逝后庙号"英宗"，不妨称为英宗。

英宗继位时只有9岁，这皇帝能干得好吗？没关系，皇太后张氏很老到，更有贤臣"三杨"主政。并且，这工作基

明仁宗朱高炽像

清代,姚文瀚绘。美国纽约大都会艺术博物馆藏。朱高炽,明成祖长子。(1378—1425),明朝第四位皇帝。明代科举曾采取分卷录取制度,明仁宗规定科举考试「须南北兼顾。南人虽善文词,而北人厚重,比累科所选,北方仅得什一,非公天下之道。」于是命大臣杨士奇等以「南人十六,北人十四」来定南北名额

明宣宗朱瞻基 北京故宫博物院藏。朱瞻基为明仁宗朱高炽之子,明朝第五位皇帝(在位时间为1425—1435)。明宣宗励精图治,知人善任,他在位时期明朝的经济政治等都得到了空前的发展,历史上把明仁宗和明宣宗在位期间称为"仁宣之治"。由于经济重心逐渐南移,在明宣宗、英宗时期科举考试又改南北卷为南卷、北卷、中卷,分区录取,各占比为55%、35%、10%,区域经济的不同发展使得科举制度形成了这样的局面

础相当不错:爷爷仁宗,父亲宣宗,都是不错的皇帝,留下了"仁宣之治"。不乱来,国家自会正常发展。

"女大十八变",越变越好看。皇帝大了,是变丑变美,必然性与偶然性同时存在。

商辂比英宗大13岁,领导年龄小,但是"工龄"长啊!商辂才上班,英宗已经工作10年了。翰林院修撰的主要职责,是掌修国史、实录等文字工作,英宗对商辂很器重。正统十二年(1447)二月,英宗

命商辂进入东阁。明朝的中枢系统是"四殿、两阁":中极殿(原华盖殿)、建极殿、文华殿、武英殿;文渊阁、东阁。殿阁大学士一般都由内阁成员兼领,是朝廷中的顶级谋臣。商辂进入东阁历练,意味着将来会有大用。

商辂直接为英宗服务,是从展书官开始的。

什么是展书官?皇帝小时也要上学,工作后还要"在职进修",是谓"经筵",御前讲席。皇帝"在职进修",这场面就大了。

经筵举行的时间,一般在早朝之后。皇帝在20位大将军的护卫下进入文华殿,待皇帝面南坐定,鸿胪寺官员将书案摆到皇帝面前,百官在下面陪同听课。讲官的讲义陈列于案几,讲官面对皇帝讲课,两名展书官立于书案两侧,职责就是给皇帝翻讲义。

替皇帝翻书,这活似乎不难,但做好也不是一件容易的事。立在皇帝的两侧,仪表首先要好,还要敬业,适时掌握讲座进度,动作完成得恰到好处。展书官王玉,就因翻书动作欠优雅,被皇帝一脚踢出局。

展书官干得称职,商辂升为讲书官,直接给皇帝与诸大臣开讲座。

状元商辂有学识,声音洪亮又有磁性。商辂进讲经史,而历史的意义在于鉴戒,空谈故事毫无价值,关键是要古为今用,联系到皇帝实际工作中的得失,既不能据章句敷衍塞责,又不能像对待学生那样责问、指斥。这要是把皇帝弄毛了,少不了要"一脚踢到楼上"——说是提拔你,一下子把你提拔到边远地区,大明的地方大着呢!

商辂的进讲,义正词严,明白晓畅,又把握得极有分寸。旁边陪

万国来朝图

清,佚名,绢本设色,纵2.99米,横2.07米。此画描绘的是大清藩属国及外国使团来紫禁城向清朝天子进贡礼品的场面。清廷画师将万国来朝使团朝贡的场景绘于画面,场面宏大,十分热闹。画面显示,每到元旦等重要节日朝贺庆典,外来宾客会着艳丽的服装,带着琳琅满目的贡品来京朝贺。使者和臣子在指定区域等候乾隆帝的接见。这幅画充分展现了清朝作为"天朝大国"接受万国朝贡的空前盛况。图中乾隆皇帝安逸地在靠椅上品茶休息,后宫的侍卫太监各司其职,女眷儿童嬉戏闲聊,场景好不快乐。

听的大臣时常心提到了嗓子眼，最后总又搁回肚里。商辂进讲，诸臣莫不惊异，英宗也感到满意，时常召命商辂侍直。

英宗是个爱学习的皇帝，也是一个胸怀大志的皇帝。明初的皇帝都挺不错，从太祖、成祖到仁宗、宣宗，无一不是丰功伟绩。英宗想，自己不弄出点政绩，百年之后，不就成了"小鬼晒太阳"吗？

——整个明朝，都面临着北方游牧民族的军事压力。但明英宗时期，外部形势并不太棘手。元朝灭亡后，一部分蒙古族退回蒙古草原和东北等地。朱元璋及其后诸朝，持续对其实施了数十年的打击，其内部又遭分裂，处于衰败，又重新整合。至明英宗时，只剩下瓦剌、鞑靼二部，并臣属于明朝。

瓦剌部很奇葩，脱脱不花为汗，也先为太师，阿剌为知院。瓦剌实际权力的操控者，既不是"一把手"脱脱不花汗，也不是"三把手"阿剌知院，而是"二把手"也先太师。也先，兵强马壮，人手众多，大权在握。这种畸形政权，一般是很难成大气候的。

瓦剌不仅臣属于明朝，而且需要依赖明朝。大明主要是传统的农耕区，瓦剌则纯属畜牧区。农业经济区需要畜牧业区提供畜力与物力，也需要向其出卖农副业及手工业产品等；而畜牧业经济不仅需要农业经济地区提供粮食、布匹等各种手工业品，自己的产品同样需要对方的市场。经济上的互补，势必导致双方的贸易。

瓦剌一直与明朝开展贸易。贸易的形式，除了长城脚下的自由市场及腐败支撑下的"走私"，更有官方的定期"朝贡"。

朝贡，就是到明朝来贡献方物。通俗地讲，就是来做官方买卖。

而这种买卖，比民间的小生意利润更大。因为"朝贡"的前提，是对方必须有政治上的"臣属"。政治上占了人家的便宜，经济上需要给对方一些好处。对方带来一块钱的贡品，可能赏赐给对方两块钱的钱物，至少不会让对方赔本。

明初规定，瓦剌每年到明朝的贡使不得超过50人，后来发展到几百人。到正统初年（1436），瓦剌贡使增加到两千余人，并一年数贡。来得这么勤快，人还这么多，因为大家都有纪念品(回赐)，纪念品也是钱啊！瓦剌对大明的朝贡虽说有问题，但还是一种可控的状态。

英宗很年轻，志向又远大，这原本也不是什么坏事。坏就坏在还有一个同样"志向远大"的人。

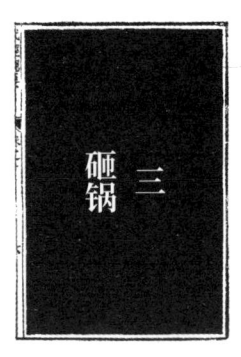

砸锅 三

英宗是史上罕见的皇帝，王振则是史上罕见的太监。

商辂一走上工作岗位，首先就得罪了两个太监。所谓"宁肯得罪君子，千万别得罪小人"，王高算是太监中的君子，王振则是太监中十足的小人。商辂把王振晾在一边，王振一时并没有给商辂找小鞋穿。之所以一时井水不犯河水，就因为王振有"崇高理想"，他让姚夔给商辂带话，绝不是想挣点见面礼这么简单。王振胸怀大志，他要在文臣中贮备"潜力股"，商辂处在优先行列。当然，"小儿科"式的好处，王振也是不会拒绝的。

明英宗朱祁镇

明朝的第六任(1436—1449年在位)和第八任(1457—1464年在位)皇帝。明宣宗朱瞻基长子,也是第七任皇帝(1450—1456年在位)朱祁钰的异母兄长。第一次登基的时候只有9岁,是明朝年龄最小的皇帝,由于年龄较小,所以国事由太皇太后张氏把持,"三杨"(杨士奇、杨荣、杨溥)辅政。后来宠信宦官王振,导致宦官专权。1449年瓦剌来犯,在王振的怂恿下御驾亲征,出师不利被俘虏,酿成了"土木堡之变"。其弟朱祁钰登基,史称明代宗。1450年朱、祁镇回朝,被明代宗软禁在南宫七年。1457年,石亨等人夺门之变,朱祁镇第二次登基,直到1464年去世。他在弥留之际废除了殉葬制度,这是值得称赞的一件事情

王振的好处，来自"全世界"。

正统十一年（1446）冬，瓦剌部落受灾，粮食奇缺。瓦剌只好派使臣到大明，说要"借"点粮食。英宗说：你以为朕傻呀，你们借粮，什么时候还过？"套路"的事别再玩了，不借！

瓦剌拿大明也没办法，白借不成，便打算花点本钱，在"朝贡"上做文章。正统十四年（1449），瓦剌派来了浩浩荡荡的朝贡队伍：派了两千多人，还有一批劣马。

瓦剌太师也先，相当的不厚道：两千人虚报成三千人，劣等马按上等马报价。

到大明"朝贡"，来者都有一份"礼品"，虚报一千人，大明就要白白多给一千份礼品。王振给礼部传话：瓦剌贡使的饭，不要安排！所进贡品，一律打八折，按20%给回赐。

瓦剌人情报不准，以为王振是大明的一般干部，送给王振的"见面礼"也太一般。

也先一算账：太亏了，不仅不赚钱，连成本都不够！

也先本来就不是善茬，一气之下，立即发兵越过长城，攻打大同。

也先入关，只不过是一种报复性的掠夺行为，并无大的政治企图。明廷长城一线，边防有城镇塞堡，京师有数十万机动部队，实力强于瓦剌数倍。明军只要严守边关，坚壁清野，主力伺机而动，完全可以打败瓦剌。

当瓦剌越过长城，劫掠大同的紧急军情传到北京，王振首先想到要把这事搞大。王振鼓动英宗：御驾亲征，把瓦剌给灭了！

乾隆皇帝大阅图轴

清，郎世宁。绢本设色，纵4.30米，横2.88米。画的左上角有乾隆赋诗："廿年一举宁为数，周礼分明节侯论。便设军容示西域，伫看露布靖坚昆。好齐以暇千旃庵，既正还奇万礮喧。骑射乃满洲之根本，风日晴和士挟纩，非予恩也总天恩。南荒大阅纪事一律，戊寅仲冬御笔。"此图描绘的正是乾隆亲临南苑检阅八旗将士的一次大阅兵。画中，乾隆身着战袍，弓箭傍身，庄重地坐在战马上。乾隆认为"骑射乃满洲之根本"，所以他十分重视军队的建设，此图描绘的正是乾隆亲临南苑检阅八旗的一次大阅兵，巡视八旗军的队列及各种兵器、火器的操练等活动。此时正是清朝与西域的霍集占兄弟交战之时，所以乾隆这次阅兵也暗含了向西域叛军炫耀展现大清威严之举。在清朝，御驾亲征过的皇帝是乾隆的爷爷清圣祖康熙，1690—1697年在位，曾三次亲征噶尔丹。

英宗一听，爽快地同意了。英宗对王振说：你陪朕一道。王振一听，也愉快地答应了。

御驾亲征，这就不是小事了。皇帝就是出去玩，都要闹得鸡犬不宁，何况是去前线打仗？

打仗有风险，傻瓜都知道。英宗与王振反而兴奋，因为他们都是有梦想的人。王振，是洞悉了英宗内心的人。听到王振的建议，英宗当即决定御驾亲征。并且，三天后出征！

三天，不会是开玩笑吧？接到圣旨，朝中大臣吓傻了。明朝的兵制非常特殊，实行的是分权管理，相互制衡：将领归都督府管，士兵归兵部管，军械归工部管，军费归户部管。除了站岗放哨的，平时将领手上没有兵，士兵手上没有武器，士兵养在卫所上操、干农活，将军手下没有一个真正的兵。这样的军队能打仗？没关系，部队想造反也很难。真要打仗，皇帝决定了，几个部门必须坐在一起，然后研究方案，选定将领，分派士兵，分发武器，划拨粮饷，突击操练。

三天，实在想不出好办法，大臣们在午门外跪成一片，要求都是一条：请英宗收回成命。

名垂青史的大好机会，无论谁劝说不要御驾亲征，英宗都不答应。

商辂是状元，大家认为，状元肯定能出个顶级主意。

商辂说：办法倒有一个，解铃还须系铃人。

英宗决定御驾亲征，源头出在王振这里。大臣们派人去吓唬王振：说你家最近新建的大宅，建成还不到两个小时，就一把火烧了

御用行军用品和大阅兵武器图

选自《唐土名胜图会》

皇帝大阅甲、佩刀、御用弓箭、布侯（布制箭靶）、虎枪等

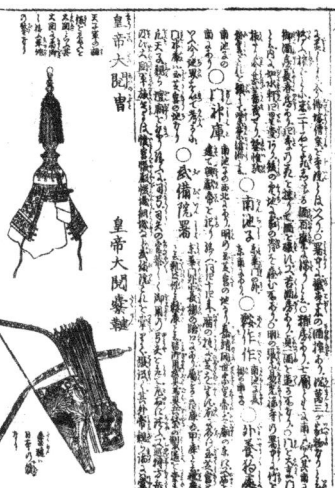

如意弩箭、射虎弩箭、御用虎神枪、线枪、康熙御制威远将军炮、九节十成炮、行营信炮

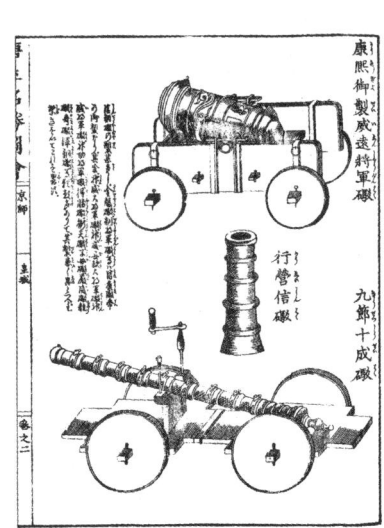

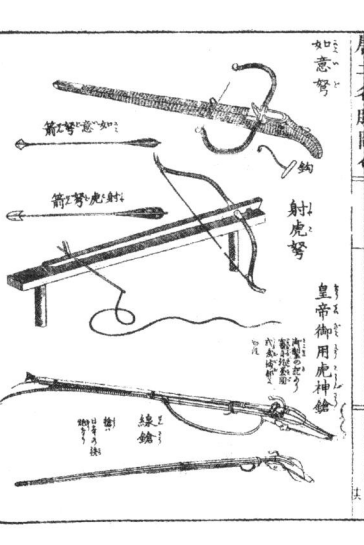

皇帝行营内城旗、皇帝行营外旌门纛（仪仗队大旗）、藤牌（藤制盾牌）、虎头牌、绿营大帅旗

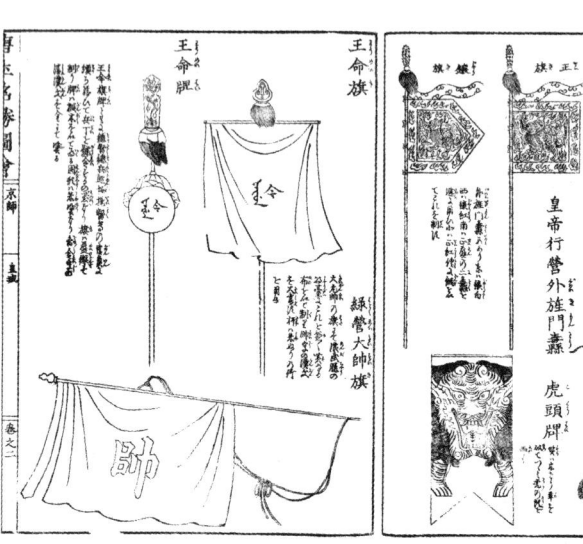

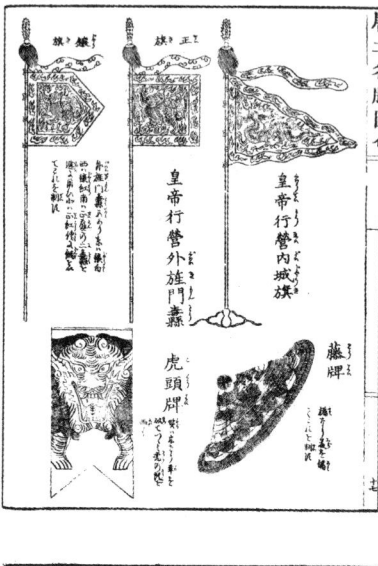

皇帝驻跸大营、皇帝停跸顿营、皇帝大阅黄幄。跸：帝王出行的车驾。

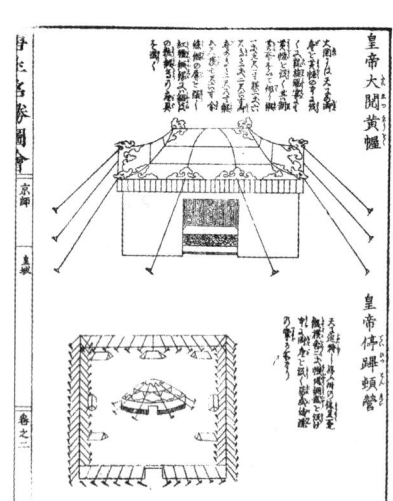

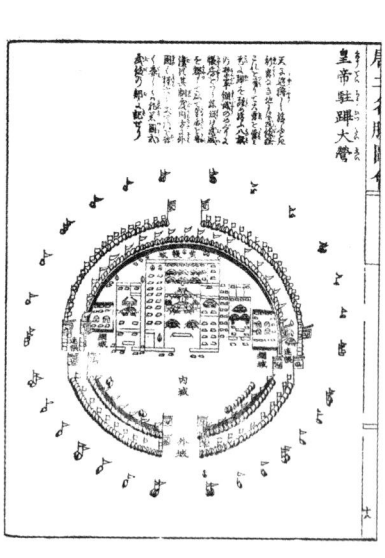

个精光。这是天意,你要是不顺应天意,一定会大祸临头!

但是,吓唬老百姓的东西,用来对付英宗与王振,半点用不管。他们都有雄心壮志,都想要抓住机遇,创出政绩。政绩,有时真是个害死人的东西!

七月十六日,明英宗和王振带着"五十万大军",自京师出发开往大同。这个"五十万",水分很大,以《英宗实录》的记载,能直接投入战斗的兵力,在十七八万。

即使是十七八万,对付瓦剌也不应该有多大的问题。瓦剌当时只有四万余人,总人口也不会超过明军的兵力。

八月一日,明军到达大同前线。虽然没有旗开得胜,英宗与王振都是心情大好:瓦剌人跑得影子都没了。

但是,光荣凯旋时发生了意外。

八月十五日,明军在怀来县土木堡遭遇了马谡在街亭的命运。瓦剌骑兵凭借极强的机动性,让英宗与王振彻底"砸锅":"土木堡之变",明军全军覆没,王振死于乱军。

不过,明军并非全部被杀,多是受伤、投降。亲历事件的文臣李贤在《天顺日录》中说:"幸而胡人贪得利,不专于杀,二十余万人中伤居半,死者三之一,骡马亦二十余万,衣甲兵器尽为胡人所得,满载而还。"

也先的直接目的,本来就是抢劫。但这一次,他喜出望外,不仅抢到无数财物,还抢到了一件连他自己都不敢想的无价之宝——大明皇帝!

四 一个都不准跑

英宗被俘,大明的天塌了!

单位没有一把手,这不等着瘫痪吗?

还好,英宗御驾亲征前,还做了一个安排:弟弟郕王朱祁钰,临时负责"单位"的工作。

朱祁钰(1428—1457),明宣宗朱瞻基次子,英宗异母长弟,封郕王。

郕王时年21岁,平时毫无工作经验,倘若只是例行公事,处理一些日常事务勉强也可行。但这是非常时期,没有一桩不棘手。

首先,也先的兵马真的打过来了。

也先逮着了大明的皇帝,皇帝再重要也不能当饭吃,得"变现"。也先的工作经验,不是郕王一时能比的。他押着英宗,领着大军浩浩荡荡地进发北京。郕王说:赶紧派兵挡啊!

没兵。"土木堡之变",一下丢了几十万,那可是明军精锐。剩下的,离北京远着呢!

也先的大兵势不可当,很快又到达内长城,逼近京城,朝廷上下惶惶不安,郕王朱祁钰召集群臣商议攻防之策,半天没人敢吱声。忽然有人一声大喊:我有办法!

郕王在宝座上找了半天,没找着是谁。

原来,这位长得太矮,官职又小,站在下面实在不好找。这位便是翰林院侍讲徐珵。

徐珵(1407—1472),字元玉,南直隶吴县(今苏州)人。徐珵进士出身,

杏园雅集图

大都会版。明代谢环绘。明朝雅集图的经典之作。描绘的是明代杨士奇、杨荣、杨溥等九位朝臣集会的场景。杏园雅集的背景是正统二年（1437），明朝正处于强盛时期。明宣宗驾崩后，太皇太后又命所有部门议案均先经过四朝元老，当时称杨士奇为『西杨』，杨荣为『东杨』，杨溥则为『南杨』。此次聚会的地方是杨荣府邸内的杏园，象征着科举中第。杏园雅集图里到场的人物，都是当朝的官员，除谢环与杨士奇、杨荣、杨溥之外，还有王英、王直、周述、李时勉、钱习礼、陈循。图中人物皆穿『章服』，明代文武官的冠服有朝服、祭服、公服、常服、燕服、蟒服、飞鱼服、斗牛服等。有乌纱帽、团领衫、束带。参与雅集的人物不仅是执朝政之功臣，也是一代名文人。所以他们的集会是文人雅集、官员聚会

杨士奇 非科举出身，时任兵部尚书兼华盖殿大学士、少傅

杨荣 建文二年进士，时任工部尚书兼谨身殿大学士

杨溥 建文二年进士，时任正二品的礼部尚书

王直 永乐二年进士，时任正四品的少詹事兼侍读学士

钱习礼 永乐九年进士，五品侍读学士

王英 进士出身，正四品少詹事

周述 永乐二年榜眼出身，时任正五品的左庶子

李时勉 永乐二年中进士，时任五品侍讲学士

陈循 永乐十三年中状元，授翰林修撰，时任五品的侍讲学士

谢环 明代初期宫廷画院代表人物，时任五品任锦衣卫千户

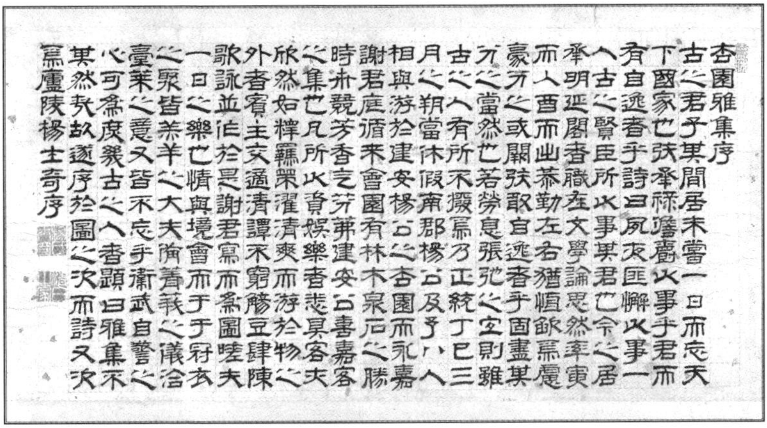
杏園雅集序
古之君子其閒居未嘗一日而忘天下國家也故承祿豫爵以事乎君而有自逸者乎詩曰夙夜匪懈以事一人古之賢臣所以事其君也今之居承明延閣者職在文學論思然率寅而入酉而出恭勤左右猶恒懼焉慮豪髮之或闕孰敢自逸者乎固盡其分之當然也若勞息張弛之宜則雖古之人有所不廢焉乃正統丁巳三月之朔當休假南郡楊公及予八人相與游於建安楊公之杏園而永嘉謝君庭循來會園有林木泉石之勝時卉競芳香之芬菲建安公喜嘉客之集也凡所以資娛樂者悉具客亦欣然如釋羈禦濯清爽而游於物之外者賓主交適清譚不窮觴豆肆陳歌詠並作於是謝君寫而為圖睠夫一日之樂也情與境會而于于衎衎之眾皆羔羊之大夫脩菁莪之儀洽臺萊之意又皆不忘乎衛武自警之心可為庶幾古之人者題曰雅集不其然歟故遂序於圖之次而詩又次焉廬陵楊士奇序

喜好功名，官却升得慢，于是发奋研究天文、阴阳五行等"高科技"。学问大长，官还是没升，徐珵去请教老状元陈循，说您老有学问，官升得也快，能不能指点一二？老状元陈循也不含糊，对徐珵说：你这名字不好，得改。于是，徐珵后来便改名为徐有贞。

众目睽睽之下，研究天体的科学家徐珵，就给大家"科普"：现在星象有变，应当向南迁都避敌！

让郕王领着大家一起跑？这下朝堂真的炸锅了。

一个都不准备跑！商辂说。

商辂疏言："寇非深入之师，国非积弱之势，迁都则宗庙社稷将谁与守？况圣驾一移，大势去矣！"

商辂数言，足够"稳、准、狠"。首先，形势没有徐珵说的那样严重。其次，先皇的陵墓就在京外，这可是天大的事情，徐珵你是"科学家"，你有什么办法背着"十三陵"跑吗？跑的严重后果，大家都明白。

状元商辂的反对，得到了老状元、户部尚书陈循的支持。陈循说，徐珵呀徐珵，你研究了这么些年的学问，这水平怎么跟人家状元差了十万八千里呢？礼部尚书胡濙说，商状元说得对，陈大人骂得好！主持兵部工作的于谦说："京师天下根本，若一动，宋南渡之事可鉴也。"

太监金英没文化，话更直：提议南迁的这小子，得拉出去砍了！

徐珵大为沮丧，气都不敢出了。

不跑，不等于没有问题。瓦剌大军押着大明皇帝直取京城，这就不是说说就能解决的问题了。

接下来，商辂与众臣提出了一个更为大胆的解决方案。

五 状元还价

靖康元年（1126），金军一举拿下大宋的京城，掳走徽、钦二宗，导致北宋灭亡。历史会不会在这个时候重演？完全是有可能的。

此时明军机动主力，已在土木堡丧失殆尽。京师周围的军营，只剩下老弱残兵，而且数量有限。郕王命于谦等，迅速调集河南、山东等地的援兵入京。京城附近做杂役的士兵，也以最快的速度调入京营。于谦又选拔得力将领，镇守京师外围，尤其是内长城的各个关隘。练兵、后勤等也同时跟上，京城的军心、人心开始安定下来。

但是，与瓦剌在军事上死磕，并不是万全之策。瓦剌大军在大明的土地上肆意横行，也先正是控制着英宗这个人质，作为致胜的法宝。如果明英宗在特殊环境下，要牺牲国家换取性命，那么，这些军事上的努力，很可能付诸东流。

人质，掐住了大明的咽喉！

人质问题如何解决？商辂说：汉高祖刘邦有过高招。

楚汉相争，项羽与刘邦对峙了两个月。有着"智力短板"的项羽，智慧的结晶即是"绑票"。项羽抓了刘邦的父亲做人质，然后通知刘邦：降还是不降？不投降，就将你爹做成肉汤！刘邦回复项羽一个大大的"笑脸"：咱俩是兄弟，"父亲"属共同财产，你真要处理，得给我一碗汤。

刘邦这意思，其实是告诉对方，人质对自己并无太大的价值。让人质"贬值"，才是解决问题的关键！

八月十七日，商辂与群臣具本伏文华门，恳请郕王即皇帝位。

啥意思？郕王"升值"当皇帝，英宗"贬值"当太上皇。

太上皇，荣誉性的。也先要是听到这个消息，值大钱的明英宗瞬间贬值，肯定要当场哭晕过去。

但是，这个绝招英宗之母皇太后孙氏接受不了。虽说这不影响皇太后的地位，但英宗毕竟是亲儿子啊，怎么能把亲儿子的宝座弄没呢？

商辂说：好办法是有的，让郕王当皇帝，让英宗的儿子为太子。绕一圈，把当前的急事处理掉，皇位将来不自动回来了吗？

皇太后觉得，是这么个理。八月二十日，皇太后命商辂作御策，册立皇太子，诰文曰："朕荷天地眷佑，承祖宗付托嗣守神器，只怀永图重。惟隆国家之本，系亿兆之心，必建元良以为储副。长子某天潢锺粹，帝武发祥，岐嶷之资夙成，中外之心攸属。今特授以册宝，立为皇太子，正位东宫。惟孝以立德，惟仁以广爱，惟诚惟敬，克笃始终。惟亲正人，务正学，克日新令闻，尚戒骄逸。臻于宏远，用光绍我祖宗大业于亿万年。尔其钦哉。"

没有更好，那就是最好。皇太后也看出来了，状元出身的商辂，确实是治国安邦的良才。

八月二十九日，皇太后令旨，召商辂与彭时入内阁参与机务。经历"土木堡之变"，大明不仅损失了良将，也损失了良臣，

明代宗 朱祁钰

(1428—1457)年在位。明朝第七任皇帝(1449—1457年在位)。明宣宗朱瞻基次子。明英宗"土木堡之变"被俘后,被委以重任,登基成为明朝的第七任皇帝,年号"景泰"。景泰元年(1450)正月,代宗就让商辂给自己上课。学习尚书中《尧典、大禹谟》等,学习如何君臣谋议国事,做一个称职的帝王。《明史上说》"自正统中,刘球以忤王振冤死,鉴继下狱,中外莫敢言事者数年。至景帝时,言路始开,争发愤上书。"正统时期由于英宗宠信太监王振,导致宦官干政,使得朝廷的谏言之路颇不顺畅,比如,刘球上书言事而被杀害。朱祁钰登基后大开言路,朝臣可以再度上谏

必须及时予以补充。

正统十四年（1449）九月初六，郕王朱祁钰即皇帝位，遥尊英宗朱祁镇为太上皇帝，改明年为景泰元年（1450）。景泰帝，庙号代宗。

一个月以后，也先果然挟持英宗来到了北京。本打算有英宗奇货可居，向明朝狠狠敲上一笔。现在，京城里坐着的是景泰皇帝，"国际市场"的价格震荡，让也先傻了。更可恼的是，城外等待他的是于谦率领的22万大军。

既然远道而来，还是先展开人质谈判吧！也先要求明朝派大使，迎接人质朱祁镇，索要金帛无数。景帝拒绝了，他告诉也先，如果送回太上皇，可以象征性地给点赏赐。

这价还的，还不够几万大军的人工成本。

也先很失望，但也不能白跑一趟，干脆开打！

十月十一日，两军城外开战。于谦指挥下的明军，与瓦剌军拼命了。血拼五日，也先闻听各地勤王部队陆续赶来，害怕退路被明军切断。要不到钱，要命更重要。于是，也先拥着英宗朱祁镇，撤出关外——朱祁镇，这个宝不能丢。贬值的宝贝，毕竟还是宝啊！

也先退出内长城的第七天晚上，营地遭到了明军"核武器"（火器）的袭击。几十门大炮一齐开火，瓦剌军营一片火海，"死者万人"。倘若运气不好，明英宗理论上可以死一万次。

明明知道太上皇朱祁镇在也先兵营，又选择晚上，还动用"核武器"。这"核打击"打得也先失望地回到瓦剌，也打得太上皇朱祁镇心里凉透了。

第六章 状元比谁都自负

"敲竹杠"的事没得手,仗也打输了,也先觉得太不划算。

也先太师一琢磨,状元商辂的麻烦就又来了。

一 状元的"现任"与"前任"

代宗朱祁钰,可谓英明之主。江山社稷差点被大哥弄翻,代宗对自己的皇位格外珍惜,努力学习,力争做一个有作为的皇帝。

景泰元年(1450)正月十六,刚过完年的代宗,就让商辂给自己上课。商辂为代宗讲的是《尚书》中《尧典》《大禹谟》等,开导代宗如何君臣谋议国事,做一个称职的帝王。商辂推演明悉,敷论详细,对代宗的规讽也极为恳切,恰到好处。旁听的大臣个个叹赏,代宗感到受益匪浅,留商辂吃完饭才回家,并赏赐给商辂衣服等物品。

在新皇帝代宗这里,商辂受到了信任与重用。

五月二十八日,瓦剌派来使者,主动请和。代宗说,瓦剌人不值得相信,先派人去探探虚实。

就这样,礼部侍郎李实被派去瓦剌。

也先说,你们大明皇帝派你来有什么打算?李实说,没什么打算,皇上只让我来看看太上皇,听听你们有什么想法。

这不对呀!你们皇上都在我这里,派人来不谈点条件,这也太不像话了吧?也先觉得大明一点都不按套路出牌。

实在忍不住,也先又派使者去了大明。

跟上次差不多，代宗再派右都御史杨善出使瓦剌。

也先问杨善：这次有什么新精神？

杨善回答：没新精神。

也先实在沉不住气了，说把你们的皇上带回去吧，给他白吃白喝我也供养不起。能给什么价，你们说了算，日后咱们正常做买卖得了。

这价码，大明应该没得说了。

可是，代宗装作没听见。

到了八月，英宗做人质将满一年，也先频繁派遣使者来催，说求你们了，把太上皇弄回去吧，我们瓦剌的粮食本来就不多！

吏部尚书王直一听，明白过来了——皇上是怕太上皇回来，抢自己的宝座啊！

王直性子也直，说皇上做法不对呀！商辂说，皇上有想法，很正常，咱们得把皇上的疙瘩给解了。

大彻大悟的王直，迅速给皇上写了封书面报告，文中特意挑明：您的核心地位已经确定，太上皇回来，不再管天下大事，您给他礼遇，这不是一大盛事吗？

代宗的心事被王直捅破，气得暴跳如雷。但是，他选择了最文明的方式回应王直——亲自给王直写了一篇专题文章，着重指出：也先很狡猾，得防止敌人的阴谋诡计！

其实，也先打仗处处是诡计，但谈判一点都不狡猾。心里想着要送还朱祁镇，没有回音他就一个劲儿地催。催得代宗没办法，只好开会研究。

一研究，又乱了。不仅吏部尚书王直，就连礼部尚书胡濙也参与进来。代宗忍无可忍，指着王直质问："屡以为言，意欲何为？"意思是说，你们三番五次地提这档事，究竟想搞什么鬼名堂？

王直也不含糊，直接顶上去：你早就应该这么做了！

这一顶撞，让朱祁钰一股脑发泄了：我本来就不稀罕这个位子！当初，逼我做皇帝的是你们这些人；现在，说出这些话的怎么还是你们这些人？

皇上的愤怒，让在场的人面面相觑。

商辂走到于谦面前，说皇上有顾忌很正常，咱们得把这个"结"给先解了。商辂说到了于谦的心坎上，他会意地点点头，走出来说了八个字："天位有定，无复有他！"

肯定代宗的核心地位不动摇，不存在其他任何选择，代宗要的就是这个。代宗刚才还在气头上，一听于谦的八个字，代宗顿时心情舒畅，连说"从汝，从汝"，像是于谦完全做主了——"从汝"，就是"依你"的意思。

代宗终于同意把太上皇从瓦剌接回来了，谁去接呢？代宗用手一指：就你吧！

谁？大殿下的臣子，纷纷顺着皇上的手指往前找，生怕指的是自己。大臣们精明着呢，皇上对太上皇是有戒心的，接太上皇弄不好会有麻烦，说不定就是祸事。

代宗的手指，指向了商辂。

代宗说：商辂，你是状元，有学识，也先有什么鬼把戏，你一定能

元明清三朝进士题名碑录其一

此碑现存于北京孔庙和国子监博物馆，共计一百九十八座，刻元、明、清三个朝代史料。进士题名刻石立碑，大约始于北宋，最初存于京寺庙或贡院之内。六百多年来5万多位科举进士的名次、姓名、籍贯，是研究我国古代科举制度的详细碑仅1块，明代进士碑71块，清代进士碑118块。元明清时期，考生经殿试后，称进士。目前现存的元代进士出身，明代进士碑71块，清代进士碑118块。元明清时期，考生经殿试后，称进士。目前现存的元代进赐进士出身，三甲赐同进士出身。明正统十年的科举考试中的进士题名。其中，赐进士及第一甲3名，商辂（三元及第，杭州淳安县，周洪谟，探花，二甲宁县，刘俊，凤翔宝鸡县够识破,就你去接太上皇吧!

这一说,诸多大臣放心了。

代宗也放心,他已经知道,商辂与于谦一样,是忠于自己的。

商辂能顺利接回太上皇吗?

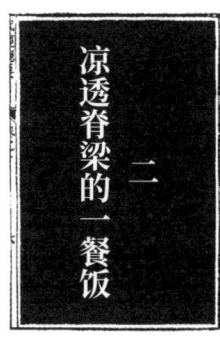

二 凉透脊梁的一餐饭

八月十三日,商辂来到了居庸关。太上皇已经在这里等着商辂携带的诏书回銮疏,好返回京城。

先期赴瓦剌的杨善,引着商辂去见太上皇。"胡天八月即飞雪",商辂一眼瞥见,太上皇身上塞着臣子的衣服呢。瓦剌人不怕冷,太上皇哪能跟他们比啊!这一年,太上皇也是吃够了苦头,虽说也先没有刻意虐待。商辂一见太上皇这情境,眼泪忍不住就下来了。

太上皇一见商辂,一把将其拉起,也忍不住哭了:你不是商辂吗?你可是朕钦点的状元啊!

商辂将代宗的诏书进献太上皇,太上皇浏览了一遍,意思也就清楚了,就告诉商辂:朕回京之后,愿意退闲。你与朕草书一封与我兄弟,并谕文武群臣,说我今日到此,明日进城,教娘娘们喜欢!

商辂立即起草,然后递给太上皇过目。太上皇说:你写出了我的意思,措辞也很得当,我兄弟(代宗)应该满意吧!

太上皇高兴起来,说从瓦剌这个穷地方,也没带什么贵重的纪念品，这是也先送的酒果，质量不咋地，赐给你尝尝吧。

十五日，商辂迎太上皇还京，代宗亲自到东安门迎接。代宗说：大哥，你可回来了，这皇帝还是你来干吧！太上皇毕竟多吃了几斤盐，哪那么傻呢？他拉着代宗的手说，兄弟啊，大明幸亏有你啊，要不，不知要出什么乱子。这皇帝，当然是兄弟你当，大哥我"退二线"，享点清福！

客套良久，那太上皇就入南宫吧。

南宫，位于今故宫东南方向南池子大街，当时规模不算太小，但属紫禁城的附属建筑，地位当然比不上皇宫。明末李自成攻入北京，南宫被焚毁，现在已经不复

居庸关 选自唐土名胜图会。清代时期日本人绘制的居庸关插图。居庸关，京北长城沿线上的著名古关城，即明代长城，其所在山脉属太行余脉，它与紫荆关、倒马关、固关并称明朝京西四大名关。现存关城，始建于明洪武元年（1368），现如今是国家级风景名胜区。居庸关地势十分险要，自古就是北京地区西北的屏障，关塞要道

皇城总图 选自《唐土名胜图会》清代时期日本人绘制的清代皇城的插图。老北京皇城四个大门，天安门（皇城南门）、地安门（皇城北门）、东安门（皇城东门）及西安门（皇城西门）。图正中的部分就是紫禁城（故宫）。明英宗被接回来安置于南宫——位于紫禁城东南方向南池子大街的紫禁城附属宫殿

存在了。英宗被软禁期间，在南宫跟妃嫔生了9个孩子，说明太上皇还是想得开的。

代宗当时还有想不开的。送太上皇回京的，还有瓦剌使者。礼部等官员商议时，建议以皇帝名义举办宴会，地点在奉天门，毕竟人家是送太上皇回来的，大国礼节还是必需的。次日，以太上皇名义的宴会就设在南宫，毕竟皇上与太上皇还是有区别的，并且这二人间的关系也比较微妙。

商辂感到此举不妥："虏人此举实仗大义。若令进南内宴，彼见另居一处，未免退后有言。不若宴俱就文华殿，以示彼此无间之意，庶可服其心。"

这是一个折中方案，目的是不能让瓦剌人看出，皇上对太上皇存有戒心，维护大明的"国际形象"。

商辂的好意，被太监兴安搬到代宗那里。代宗一听，勃然大怒，急召商辂等赴文华殿，拍着桌子道："你是什么意思，你是什么意思！"

皇上盛怒，众人皆不知如何是好，只有一言不发。

石亨见皇帝态度明确，顿时来劲了："有什么话，谁说的？我砍了他！"

石亨是个武夫，"京城保卫战"立下功勋，文官都不敢惹他。但于谦不在乎，说石亨你就别火上烧油了，大事已定，便有一言半语，亦不必听。商辂这么建议，不是想把事情办得得体一些吗？

代宗见了台阶，也就顺着台阶下了。说商辂说得也有道理，两场宴会，干脆都在文华殿举办吧！

心思释然，代宗又觉得有点过意不去，说今天的会讨论得很热烈，大家辛苦了，留大家吃顿饭吧！

宴席上，状元商辂正好与老状元陈循坐在了一起。陈循拍着商辂的肩膀说："商状元商状元，你不觉得今天这顿酒饭，是从脊梁上吃下去的吗？"

商辂说："为人臣子，当言则言。"

老状元陈循叹了一声："你太自负啦！"

商辂道："陈公，酒肉穿肠，也就过去了，我们应该预计一下明天的天象。"

"难道明天会下雨？"陈循问。商辂笑笑，陈循的眼瞪得更圆。

三 "红包"来了

下雨不下雨并不重要,那只是一种自然气象。天象不一样,那才关乎凶吉。

在商辂的预料中,大明必然有一场异常天象,只是不能断定会在什么时候,以什么样的兆头开场。代宗为宴会地点的问题兴师问罪,这不是小题大做,也不是帝王的心胸问题。

《礼记》曰:"天无二日,土无二王,家无二主,尊无二上。"代宗最敏感的神经,就是"二日"问题。

代宗继位,完全基于国难当头。危难之际,大明各方空前统一,以更换皇帝的方式,使也先挟持天子勒索大明的计划落空,同时也救了英宗一命,最终顺利还朝,使得"靖康之难"徽、钦二宗的悲剧没有重演。这一正确抉择,也是各方妥协的结果。因为有妥协,所以有共识。

这一妥协,也带来了一个历史性难题:前任皇帝与现任皇帝,同时并存。这种现象,明朝没有过,中国历史上也没过。有的多是父子之间,而英宗与代宗则是兄弟之间,并且还是只有一岁之差的兄弟。

代宗的担忧是合理的。当他确认"天无二日"后,这种担忧自然就随着宴会曲终人散。

但是,事实上曲终并未人散。这个人,就是皇太子朱见深。

当初,孙太后妥协让代宗继位,前提就是立朱见深为皇太子。这样,帝位最终自动回归自己一脉。

这是代宗当时可以接受,现在又无法忍受的现实。前有太上皇,后有皇太子，代宗夹在中间，这是一种什么境地？最可怕的是，如果一个人看不到明天的太阳，那又会是一种怎样的心情？！

英宗已降为潜在威胁，注意提防就行了。太子，明天，"明天"的事，必须在今天予以解决。

英宗被软禁南宫之后，代宗的关注点就放到了太子朱见深身上。无数个主意，目标只有一个：废掉现太子，册立自己的儿子。

这件事，很简单，又极困难。

皇太子，是谓"国本"。帝王的法定接班人，有着既定的政治游戏规则，非嫡长子无权继承皇位，历代如此，明朝更是这样。明太祖朱元璋钦定的《皇明祖训》，明确重申了这一基本原则，这就是大明的"宪法"，太祖明令后世子孙"一字不得增删"。并且，太祖自己也是身体力行。

洪武二十五年（1392），太子朱标不幸逝世。悲痛之余，朱元璋不得不将议立太子之事提上议事日程。众官面前，朱元璋问："燕王英武似朕，立之何如？"但是，大臣们以子之矛攻子之盾，"祖训"上面写着呢。最终，朱元璋只能按照礼制，立了皇太子朱标之子朱允炆为皇太孙。

纠结啊！但也实在没有好办法。做出这一决定，朱元璋一声大哭离开大殿，这才有后来的"靖难之役"，大明内部动乱。

明太祖是何等的英明神武，尚不能更改皇位继承规则，年轻的代宗，又能想出什么办法？想了三年，仍没有答案。

他人不敢轻试自己的智商，但状元的智商，应该够的。

景泰三年（1452）四月一日，代宗召集重臣朝会。代宗说：太上皇二十五岁，朕二十四岁，皇太子六岁，朕长子五岁……说啊，你们接着说啊！

没人说。诸大臣像是埋头看"手机"。

商辂听得明白，但也在装作看"手机"，不停地在朝笏上划来划去。

又像是"嘀"的一声，商辂一动手指：不错嘛，皇上给大家发"红包"了，超大：五十两银子！

朝会制度 选自《唐土名胜图会》。记录的是清代时期的朝会。朝会，始于西周，是礼仪规格最高的朝会，自秦汉直至明清，经久不衰。明清时期举行大朝会的地点是太和殿。

在明朝，帝王建立了一套比较复杂的朝会制度。将朝会分为常朝和大朝，大朝一般是在岁首、万寿节等时举行的，是礼仪形式的朝会。常朝分朔望朝和日朝，朔望朝为初一、十五举行的礼仪朝会，此时"百官公服朝参，而不引见奏事"；而日朝多指皇帝日常召集臣子商议国事的朝会。其实日朝往下分，分为早朝和午朝，一般，早朝多为四方政务，而午朝多为军国大事之议。参加朝会是京官须尽的义务，官员须按时参加朝会，不然会受到惩罚

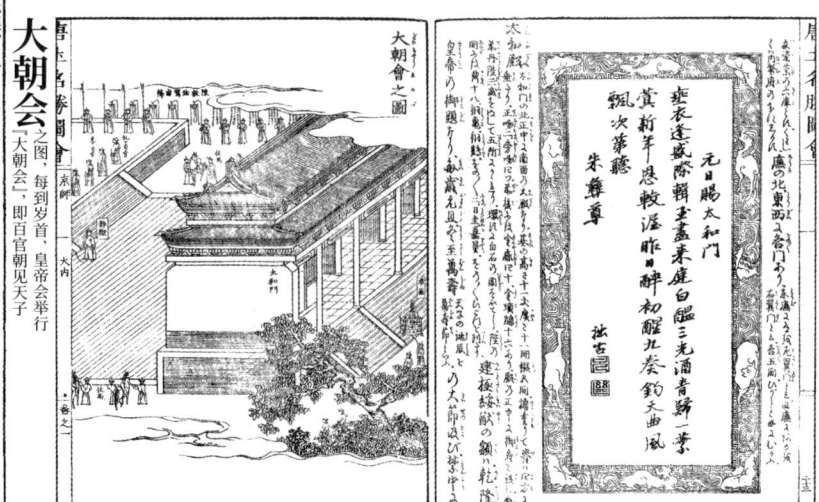

大朝会 之图，每到岁首、皇帝会举行"大朝会"，即百官朝见天子

午门朝参 不难发现,图中右方有大象仪仗队,是朝廷养在象房的象群。每到有大的朝会,便会组织大象仪仗队,使朝会的场面显得更加宏大而有气势

皇帝的红包,不收是违规行为,正好家里缺银子呢。

状元家还缺银子?那是肯定的,明代官员工资标准低,商辂家家口重,中状元次年的春上,老母解氏、岳氏及老婆孩子,一大堆全来了,"至京以就禄养",是天大的荣耀。老母解氏是个明白人,住了一阵子,借口城里生活"不习惯",又回到乡下去了。实际上,是乡下生活成本低,都住在京城,儿子哪里经受得起?

过了一阵子,商辂的老母还是进京城了。母亲的心理,就是这么复杂。

虽说日子比较紧张,状元府里也谈不上贫穷。状元的工资不高,但稿费多,冲着状元的声名求文的不少,一份文稿少不得几两银子,那都属于优惠价。这不,皇帝一个红包就是五十两。

商辂还知道,皇上这红包并不是发给他一个人的。老状元陈循收到的红包,那可是一百两银子。老状元点开红包,一声未吭,商辂就装作再看"手机"了。

反正,也没见哪个内阁大臣把红包退回来,代宗觉得这就是机会,凡事得往好处想!

四 陌生"好友"

没想到的是,收了红包的不办事,没收红包的倒出来尽义务了。

广西的黄玹与黄㻞,与英宗与代宗之间的关系差不多,都是同父异母的兄弟。黄玹是黄㻞的庶兄,啥叫庶兄?就是黄玹的母亲是父亲的妾,黄㻞的母亲是父亲的妻。都说古代是一夫多妻,其实并不正确。古代的婚姻制度,是"一夫一妻多妾制",正妻只有一个,妾的多少那要看经济实力。黄玹虽然出生早,但属于"庶出";黄㻞虽然出生晚,但属于"嫡出"。按照嫡长子继承的原则,弟弟黄㻞反而排在哥哥黄玹的前面。古人常骂人"小娘(妾)养的",其实是一句"依法"骂人的话。

黄家是广西思明的土知府,这是明代少数民族地区世袭的土官。根据继承原则,黄㻞成了思明土知府,黄玹只弄个军职——浔州守备、都指挥。土知府等于"土皇帝",黄玹一直惦记着。

黄㻞的身体不好,黄玹觉得是个机会。听说黄㻞上报朝廷,让其子黄钧承袭思明土知府之职,希望破灭的黄玹,一不做二不休,乘夜带兵到黄㻞家，将黄㻞父子装进大瓮，埋入府中的园圃下。

这下，找不到继承人，土知府该归黄玹了吧？

没想到，黄㻞家的一个仆人溜了，把这事向官方举报了。黄玹很害怕，情急之下想出了高智商的救命绝招：上奏朝廷，请求更换太子。

收到黄玹的密奏，代宗大为感动：真没想到啊，万里之外，竟然还有这样的忠臣！

边远地区的小守备，代宗实在是太陌生了，来了这么一段绝妙私信，代宗毫不犹豫地将其添加为"好友"：赦免了黄玹的罪行，并将黄玹提拔为都督，这就叫作舆论导向！

代宗将黄玹的上奏公开，命礼部尚书胡濙等会集大臣，廷议易储之事。王直、于谦闻言，相互对视，瞠目结舌，好久都没有回过神来。其他朝臣，心中亦认为此事不可，但更不敢公开发声。独有商辂建言："此国家大事，有皇太后在上，臣下谁敢议此？"

商辂这是在踢技术球：谁当太子，皇室内部应先商量好，内阁才敢完善手续。

但是，有文化的状元，怕的就是没有文化的太监。司礼监太监兴安态度强硬，厉声喝道："此事今不可已，不肯者不用签名！尚何迟疑之有？"

太监兴安这招狠哪：现在只分作两派，要么同意签字；要么不同意不签字，没有第三种选择。

群臣见此，唯有署名，赞成黄玹之议。黄玹，捡了个首功。

《明英宗实录》载：诸臣"联名合奏：父有天下，必传于子，此三

官员朝服

朝服

官员上朝参加朝会时穿的服装，这是每个官员的标配，每个阶品的官员，朝服和帽饰都是有区别的，明朝的官服通过颜色和不同的补子纹饰来区分品阶。补子指的是缀在衣服的前胸和后背的布织。朝臣除了穿朝服戴官帽外，还会佩戴朝珠

官员礼服

禮服装

帝后和文武官员等在朝会礼仪和祭祀典礼时穿的服

官员常服

常服

官员不上朝的时候，在平日所穿衣物

官员蓝衫

蓝衫

古代八、九品小官穿的服装

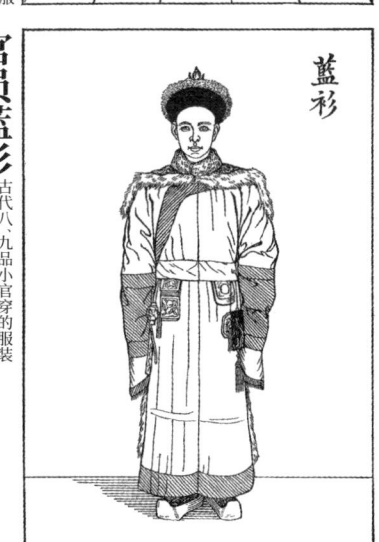

代所以享国长久也。惟陛下膺天明命,中兴邦家,统绪之传,宜归圣子。今黄竑所奏,宜允所言。"

孙太后会同意吗?皇帝的翅膀硬了,只能接受这样的结果。

代宗赢了。景泰三年(1452)五月二日,册立代宗之子朱见济为皇太子,太上皇长子朱见深改封沂王。

代宗很高兴,这次不是发"红包",而是发"帽子":皇上大封群臣,晋翰林学士商辂为兵部左侍郎兼左春坊大学士。

五 "天字号"难题

现在,代宗完全可以宽心了,多安排几个人,看紧太上皇就不会节外生枝。而太上皇,也是挺配合的:居在南宫,一个一个地生孩子。

但是,天子归天子,"与天奋斗"不是任何天子都能做到的。

代宗的苦心谋划,只管了一年多。

景泰四年十一月,皇太子朱见济夭折。

"兄终弟及",这也是一条继承原则。可是,代宗并没有第二个儿子。议立太子,再次成为大臣们关注的焦点。

至于人选,意见分歧,有的主张恢复朱见深的皇太子地位,可行,但忌讳太大;有人主张另起炉灶,在宗室当中挑个血缘近的,这背后的含义也很深,至少可以避开敏感话题。群臣意见不一,只有关注的目光是统一的。

怎么这么多忠臣,如此热心大明江山的千秋万代?因为拥立皇太子，实在是桩极有价值的"期货投资"。其中的不确定性，便是商机。押准了，日后自是一本万利，获益匪浅！

包括重臣于谦，在这件事上也花了很多心思，因为代宗对他非常倚重，他在群臣中的威信也很高。于谦生病，朱祁钰甚至亲自给他找偏方。无论是当初太子的更换，还是现在的太子难产，朝野都想到与于谦有关。进士杨集还认为于谦不作为，写信将于谦大骂了一顿。

在议立太子之事上，于谦其实跑偏了：他觉得朱祁钰无子，复立朱见深就是常理。而复立朱见深，又与代宗的思路对不上号。

景泰八年（1457）正月十二，百官正常上班，议题自然转到太子问题上。大学士萧镃写封书面报告，要求皇上"早建元良"。元良，太子的代称。都御史萧维祯帮他将"建"字改成"择"字，并笑着补充：我的官职，也想换一下呀！

这就是明白人。知道谁是太子，与自己的官职有直接的关联！

状元商辂怎么想？商辂其实同样关注太子之事，内心也希望复立沂王为皇太子。但是，商辂觉得这样做太危险：皇上不同意，硬要把朱见深往太子位上推，也是把孩子往火炕里推。

另一方面，那就要看天意。代宗还年轻，无子可能是一时的，哪天有了儿子，这问题不就自动消失了吗？频繁更换储君，只会带来政局的不稳。天意让他绝后，那才叫没办法！两种可能性都存在，现在的关键，需要尽力调和代宗与太上皇父子间的矛盾，双方水火不容，于国不利。

自己没有儿子，大臣们又提出复立太子，代宗本能地迁怒于太上皇。代宗开始严密监视太上皇的交往，同时采取极端的防范措施：下令浇固了南宫门锁，增高宫墙，连靠墙的树木都砍尽。此时的南宫，"不特室宇湫隘，侍卫寂寥，即膳馐从窦入，亦不时具。并纸笔不多给，虑其与外人通谋议也"。

这样一闹，兄弟之间彻底反目成仇。

但是，偏偏有哪壶不开提哪壶的大臣。

景泰五年（1454）五月，章纶上疏代宗："陛下与上皇，形虽异体，实同一人"，您应该带领大臣，初一、十五或其他节假日，去看看太上皇，以示兄弟之情。

明代的进士中，有两个章纶，一个是桐城人，当代著名人物章伯钧的先祖。而这位章纶，乐清人，时任礼部郎中。

章纶疏入，代宗大怒。代宗收到奏疏时，太阳已落山，宫门都关了。代宗将圣旨从门缝中传出，连夜将章纶逮入诏狱，狠狠地杖打。

同时被打的，还有参与此事的御史钟同、南京大理寺少卿廖庄。

三人没被打死，是商辂帮了忙。

商辂面见代宗，说天意不可违。昨天皇上打他们三人时，尘沙飞扬，狂风骤起，还是饶他们一命吧！

商辂等臣斡旋，代宗强势回击，总算将势态压了下去。

态势的恶化，也算是天意。

清代朝珠 清代自皇帝、后妃到文官五品、武官四品以上，皆可配挂朝珠。朝珠是从佛教的"念珠"衍化而来，一般由身子、佛头、纪念、背云、大坠、坠角组成。朝珠多用东珠（珍珠）、珊瑚、蜜蜡、绿松石、伽楠香等世间珍物琢制，以明黄、金黄及石青色等诸色绦为饰。我们特从台北故宫博物院收藏的清代朝珠遴选部分加以说明

清伽南香朝珠

清蜜蜡朝珠

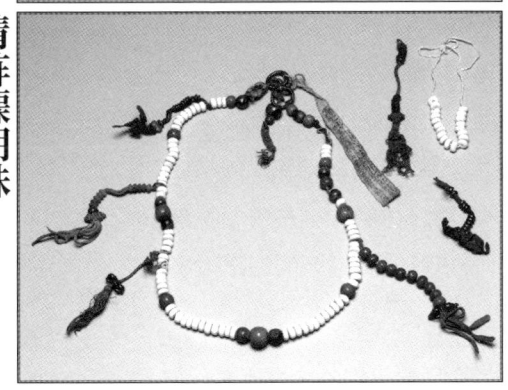

清砗磲朝珠

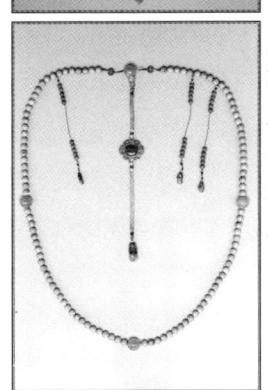

清绿松石朝珠

景泰八年（1457）正月，代宗病重不起。正月十四日，代宗病情加重，太监兴安请商辂至右顺门，言曰："上面病重，万机大事，付托何人？你与文武大臣急计议来。"

商辂道："付托何人，事属含糊。不如明言请立东驾，使人心有所归向。倘万一有不讳，请东驾往南内迎请，父子之间自有处置，岂不是顺事？"

商辂的态度是明确的，现在只剩下唯一的选项：恢复朱见深的太子地位。但是，代宗的态度仍旧是明确的：凡早建皇太子的奏疏，一律驳回。

皇上不急太监急，关键要看怎么急，否则太监兴安也不会请商辂拿主意。

正月十五日，群臣复请立太子，大学士商辂与礼部侍郎姚夔，率领百官伏阙请求，生命垂危的代宗仍没有答应。

正月十六日，礼部官员在朝房重新草拟奏疏。商辂拿着草稿，说请求改一下事项吧！在奏疏草稿上，商辂写下了十六个字："陛下宣宗章皇帝之子，当立章皇帝之孙。"

没有"朱见深"三个字，应该不会挑动代宗的神经，也把不同意见的群臣统一起来。在场与不在场的朝臣，闻听无不拍手叫绝，纷纷表示赞同。签名的朝臣太多，奏疏只能第二日进呈宫中。

这一下，"天字号"的难题应该可以解决了吧？

清嘉庆金嵌宝石朝珠

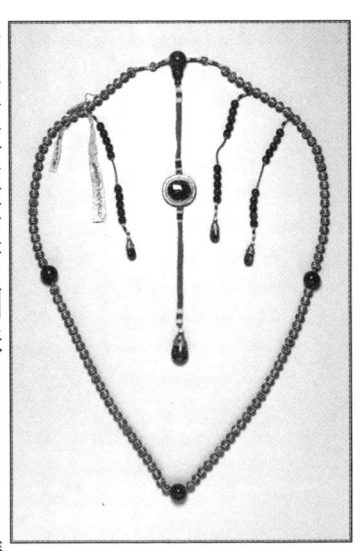
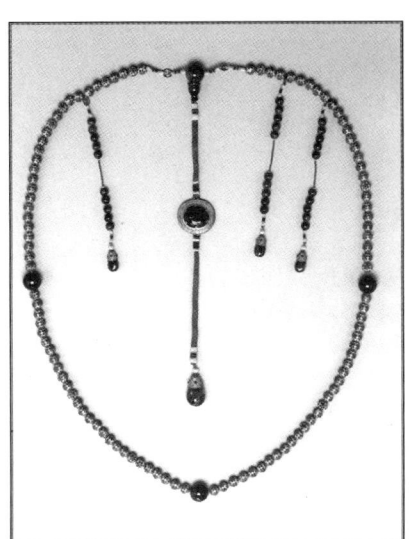

清嘉庆东珠朝珠

东珠源自满族发祥地,而倍显尊贵,唯有皇帝、皇后与太后才能够佩戴东珠朝珠

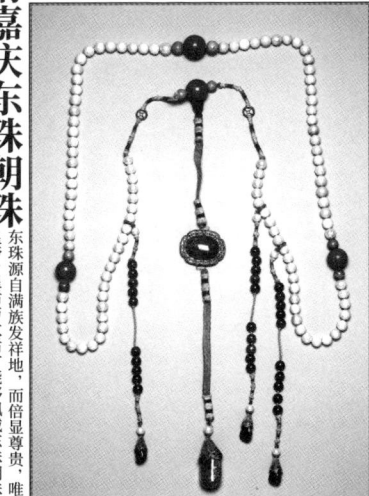
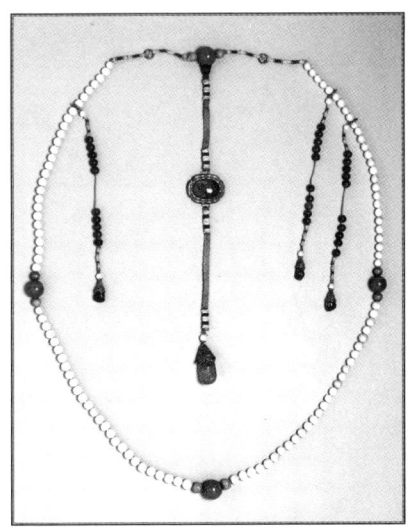

第七章 状元比谁都坎坷

慈不掌兵，义不掌财，情不立事，善不为官。专制时代官场的复杂性，就在于良好的愿望，往往要通过卑劣的途径才能实现。商辂"平衡过渡"的方案不可谓不好，但注定不能实现。官场争斗的一时赢家，往往属于阴谋家。

一 阳谋与阴谋

商辂与石亨，出自两个不同的"专业"：一个文科，一个武科。商辂主攻的是"四书五经"，石亨主攻的是"孙子兵法"。石亨最大的不足，是肚中墨水无多。

没有"文凭"，不等于不能成才。石亨身躯高大，长相奇异，大方脸面，须及膝，善骑射，自世袭的基层小武官宽河卫指挥佥事起步，凭借屡败瓦剌的战功，成为大明镇守边关的大将。石亨确实能干，为于谦倚重。"京城保卫战"，石亨因功而封侯。代宗更换太子，石亨同样是"赞成派"，并且尝到了甜头：被加封为太子太师。

与于谦、商辂一样，石亨也是代宗的近臣。景泰八年（1457），代宗出京郊祭，疾病发作，不能行祭祀仪，便命石亨代祭。

皇帝的身体健康状况，属于朝廷的重大机密，石亨因为特殊的身份，轻易获悉了这一重要"军事情报"。对商辂提出的和平过渡方案，石亨是清楚的。石亨推演了这个方案的结果：商辂是首功，自己呢？什么功劳没有呀！

这不行，应该谋求再立奇功的机会。

大明会典

日本国立国会图书馆藏。共228卷。其以六部官制为纲,以事则为目,分述明代开国至万历十三年两百余年间各行政机构的建置沿革及所掌职事,是一部调整国家各级机关权力职责的行政法典。明代官服制度承袭唐宋传统。洪武元年(1368)学士陶安请制定冕服。朱元璋指示礼服不可过繁,祭天地、宗庙只需戴通天冠,穿纱袍。一品至五品官服紫,六、七品服绯。洪武三年,礼部官员提出明以火德王天下,色应尚赤,朱元璋认可,并规定正旦、冬至、圣节(皇帝生日)、祭社稷、先农、册拜等大典要穿衮服。明代文武官的冠服有朝服、祭服、公服、常服、燕服、蟒服、飞鱼服、斗牛服等。图中所示为文武官的常服,凡常朝视事时穿。有乌纱帽、团领衫、束带。

洪武六年规定,一、二品用杂色文绮、绫罗,帽顶用玉,帽珠用玉;三至五品用杂色文绮、绫罗,帽顶用金,帽珠除玉外随所用;六至九品用杂色文绮、绫罗,帽顶用银,帽珠玛瑙、水晶、香木。一至六品穿四爪龙(蟒),许用金绣,帽珠玛瑙、水晶、香木。一至六品穿四爪龙(蟒),许用金绣。洪武二十三年定制,文官衣自领至裔,去地一寸,袖长过手,回复至肘。公、侯、驸马与文官同。武官去地五寸,袖长过手寸。洪武二十四年定制,公、侯、驸马、伯,服绣麒麟、白泽。文官一品仙鹤,二品锦鸡,三品孔雀,四品云雁,五品白鹇,六品鹭鸶,七品鸂鶒,八品黄鹂,九品鹌鹑,杂职练鹊,风宪官獬。武官鹰鸶,一、二品狮子,三、四品虎豹,五品熊罴,六、七品彪,八品犀牛,九品海马。以上即为我们常说的品服,也是传统戏曲所采用的官服形式。这些纹饰都设计在方形框架之内,布置于团领衫的前胸和后背,下围装金饰玉的腰带。

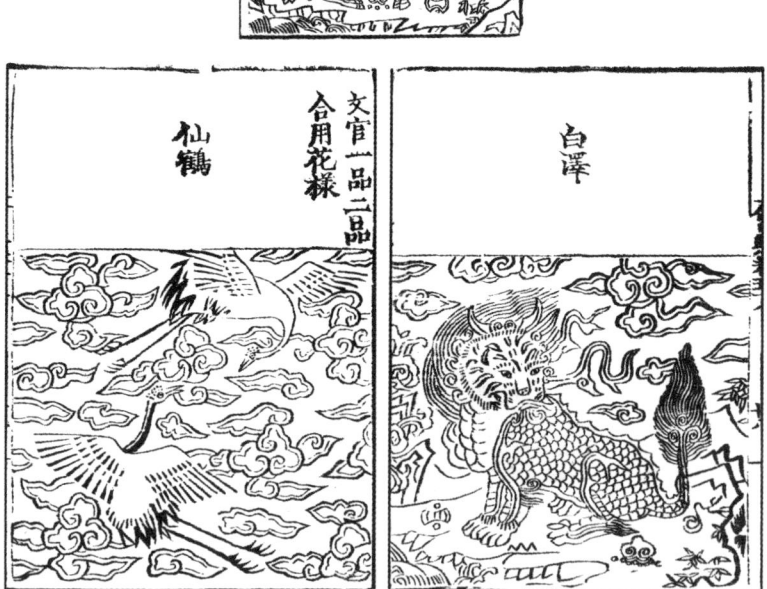

公侯驸马伯
用花样
麒麟

文官一品二品
合用花样
仙鹤　白泽

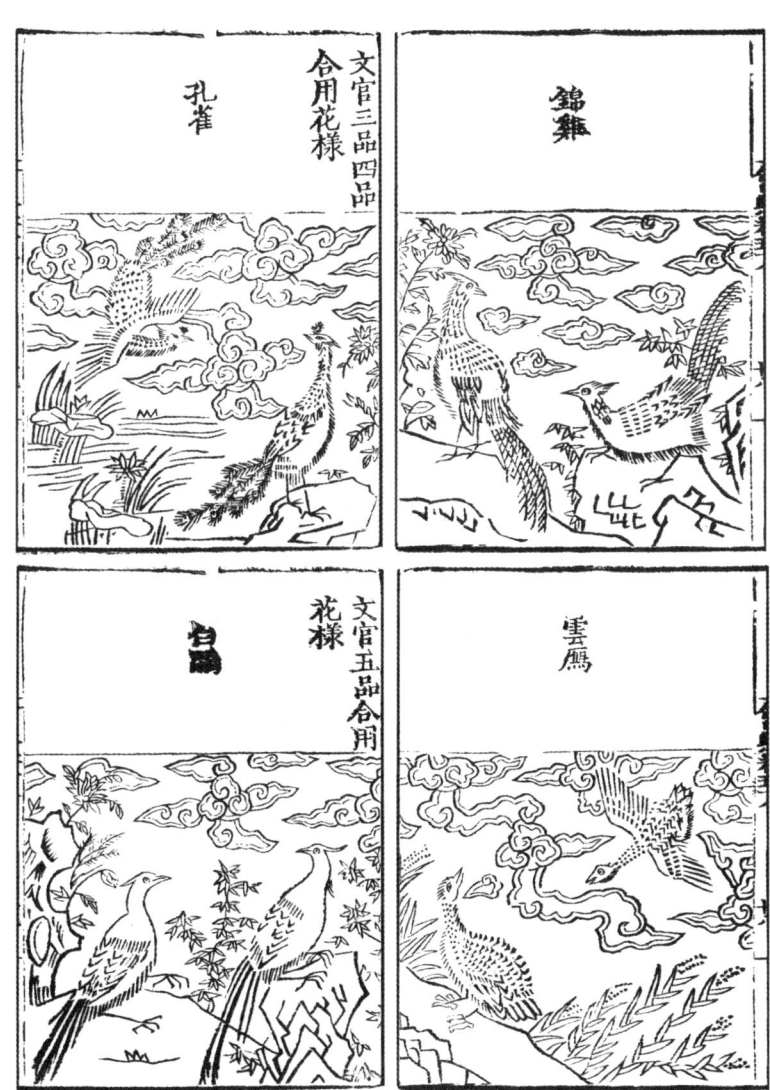

商辂的行动是公开的，石亨的行动必须是秘密的。告诉对方，下一步我将采取什么行动，这不是军事家的套路。"声东击西"，一直排在《三十六计》的前十八位。

石亨的行动目标，与商辂也是相同的：朱见深成为太子。但是，二人设计的路径不同，石亨要在代宗去世之前，让太上皇先成为皇帝。太上皇又成皇帝了，朱见深不就自动成为太子了吗？

这个方案的结果不用推演：石亨是首功，商辂呢？什么都不是！

不过，这一招风险极大，有点像谋反。

风险大，那就找几个人分摊，人越多平均数就越小。但也不能找得太多，这不符合保密原则。

石亨找了几个帮手：张𫐐、曹吉祥、孙太后。

人数少了点，但没有一个是多余的：

张𫐐，都督，动手的事是其强项；

曹吉祥，太监，熟悉内宫，情报准确且迅速，里应外合就靠他了；

孙太后，一位老年妇女，能派上什么用场？

极其重要。孙太后是位了不起的女子，因容貌俊秀被选为明仁宗的皇后，亦很贤德，儿子英宗被瓦剌所俘，京师告急，孙太后果断摒弃徐珵等朝臣的南逃主张，力挺于谦等主战派，大度地让庶子朱祁钰继位，化解了大明危机。但是，亲儿子毕竟是亲儿子，对石亨的阴谋，孙太后选择了支持。

石亨颇为安慰的就在孙太后这里：首先是解决了"合法性"问题。但是，成王败寇，万一行动失败了，这就得用上"三十六计"中的"连环计"：抛出孙太后背锅，也许不会遭满门抄斩。

但这个团队，存在致命的缺点：文化水平都很低，"科技含量"不足，万一遇上"高科技"难题怎么办？一物色，选准了徐有贞。

徐有贞，即徐珵。当年也先进犯京师，徐珵从科学的角度做出结论，建议南迁，受到于谦的训斥。京师保卫战后，徐专家便在群臣眼里成了"砖家"，名声大坏。为了淡化不利舆情，徐专家将名字正式改为徐有贞。

徐有贞还是有真才实学的。但当时仕途前景不太乐观，有一阵子，徐有贞想到名牌大学当校长（国子监祭酒），说不定能弄出个轰动世界的"学术成果"。但是,代宗一想到"南迁"问题就来气,徐有贞的大学校长没当成。徐有贞有志气,不气馁,自学"水利专业",领导治理黄河非常成功。几年下来,代宗的气也消了,徐有贞被提拔为左佥都御史。

徐有贞热衷于"科研",几近一生。天顺四年(1460),石亨罪发被杀,徐有贞被免职回家乡吴县闲居,仍坚持研究"天体物理"。一天,发现将星位于吴,他兴奋得挥动铁鞭起舞,感到自己复出有望。不久,吴地将军韩雍出征两广立功的消息传出,徐有贞失望了,扔掉铁鞭,连连叹息道:"想不到,这么好的天象,应在了这小子身上!"从此,徐有贞与科学家决裂,改行当起了艺术家。

徐有贞一生功名心切,一直在"科学"地寻找出路。当石亨找他,研究如何成功实施英宗复辟时,徐有贞大为兴奋,当即开动自制的科研器材,分析天象,并发现了帝星移位。帝星,俗称紫微星,天文学上的小熊座β星。经过科学测算,徐有贞得出结论,最佳时间,是正月十六日晚,也就是商辂起草复立太子奏疏的当天夜里。

其实,徐专家的理论多半是唬人的,连他自己心中都没底。十六日晚上,徐有贞换上朝服出门,按着猛跳的胸口,跟妻女交代:我要去办一件大事,回来了就是神,回不来就是鬼,你们——要有心理准备!

大事临头,"砖家"根本就没有把握。

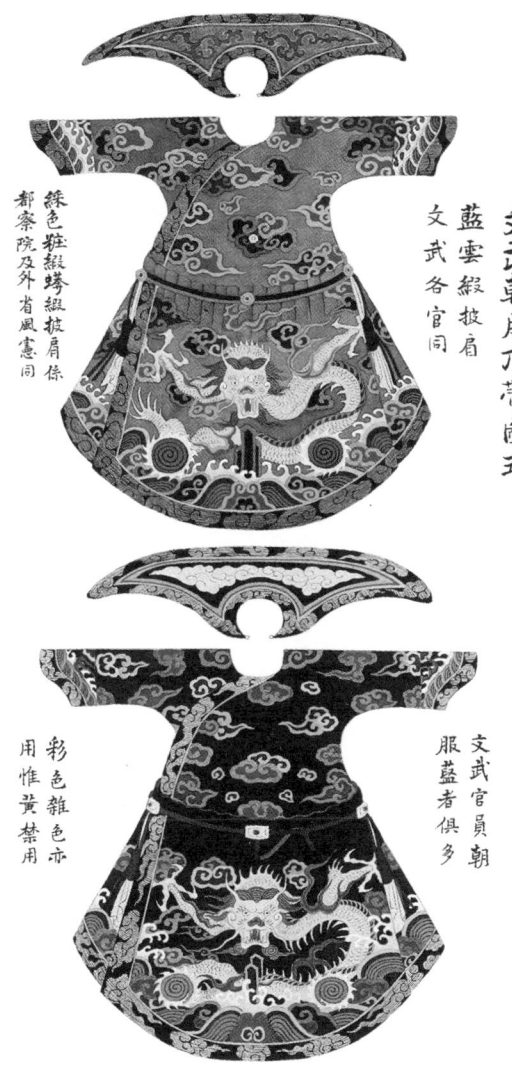

文武朝服顶带图式

蓝云缎披肩系
文武各官同

绦色鞓缀镂金玳瑁
都察院及外省风宪同

文武官员朝
服盖者俱多

彩色杂色亦
用惟黄禁用

清代文武官员补服图

在电视上，我们经常听到台词"摘了你的花翎"，这就是免去职务的意思。因为清朝的官员凡戴官帽，都需在顶珠之下装一支两寸长的翎管，用来安插翎枝。花翎用孔雀翎毛做成，俗称孔雀翎，蓝翎则用鹖羽制作其制。六品以下用蓝翎，五品以上用花翎。文武百官品服有朝冠、吉服冠、朝服、补服、蟒袍等。蟒袍，一品至三品绣五爪九蟒，四品至六品绣四爪八蟒，七品至九品绣四爪五蟒，其色石青，前后缀有补子，文禽武兽。贝子以上王亲用圆形补子。文官五品、武官四品以上，及科道、侍卫等职，均需悬挂朝珠，朝珠共一百零八颗，旁附小珠三串（一边二串）名曰"记念"。清朝补子上的图案标明官员的类别和等级，禽鸟图案是文官，猛兽图案是武官。具体为：文官一品的补服图案为"白鹤"，二品为"锦鸡"，三品为"孔雀"，四品为"大雁"，五品为"白鹇"，六品为"鹭鸶"，七品县官为"鸂鶒"，八品县丞为"鹌鹑"，九品县主簿为"练雀"。武官一品补服图案为"麒麟"，二品为"狮"，三品为"豹"，四品为"虎"，五品为"熊"，六品为"彪"，七品为"犀牛"。此外，监察官员如御史、按察使等，不分级别，一律用"獬豸"即传说中的能主持公道的一种独角兽。

武三四品
豹補子

文五品
白鷴補子

武
獅子補子

獨角獬豸
補子

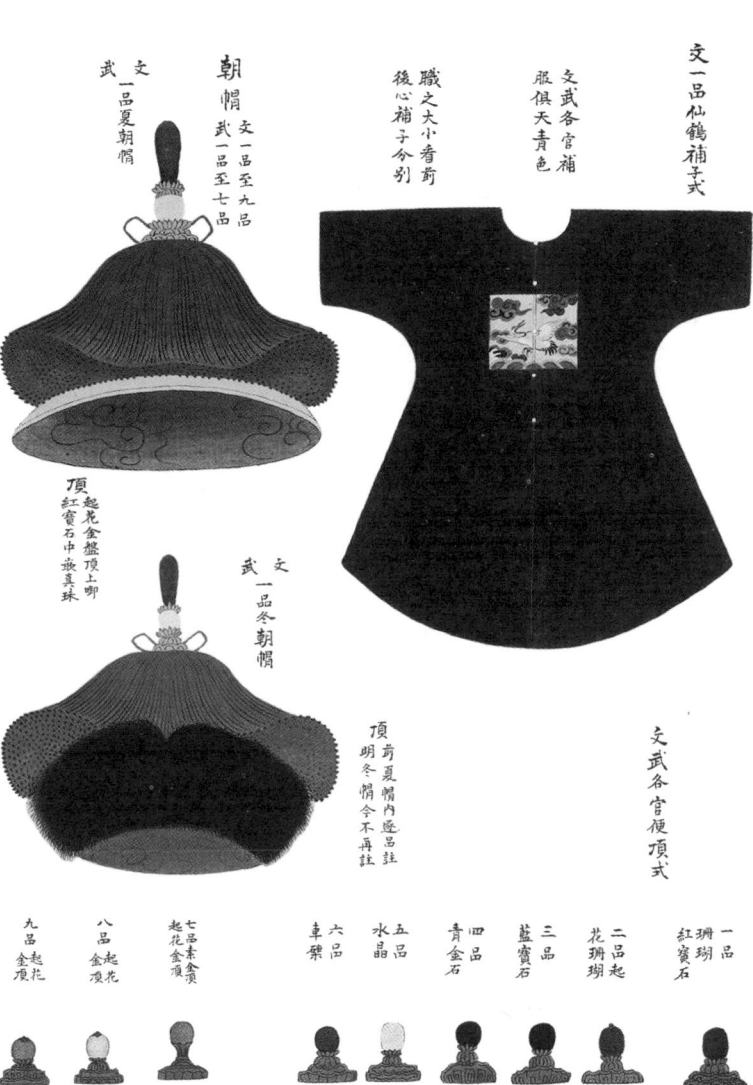

清代观象仪器

选自《唐土名胜图会》，清代时期日本人绘制的观天象的仪器的插图。古观象台现位于北京建国门西南角，始建于元代，曰"司天台"。明初被毁，于明正统七年（1442）重建，曰观星台。清代康熙和乾隆年间，参考西方技术制作出八台天文观象仪器，它们分别为天体仪、赤道经纬仪、黄道经纬仪、地平经仪、象限仪、纪限仪、地平经纬仪、玑衡抚辰仪

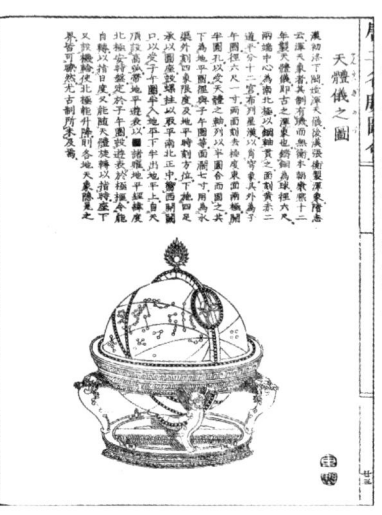

天体仪　赤道经纬仪

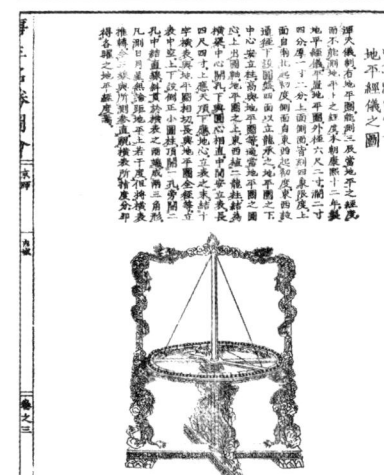

黄道经纬仪　地平经仪

象限仪 纪限仪

地平经纬仪 玑衡抚辰仪

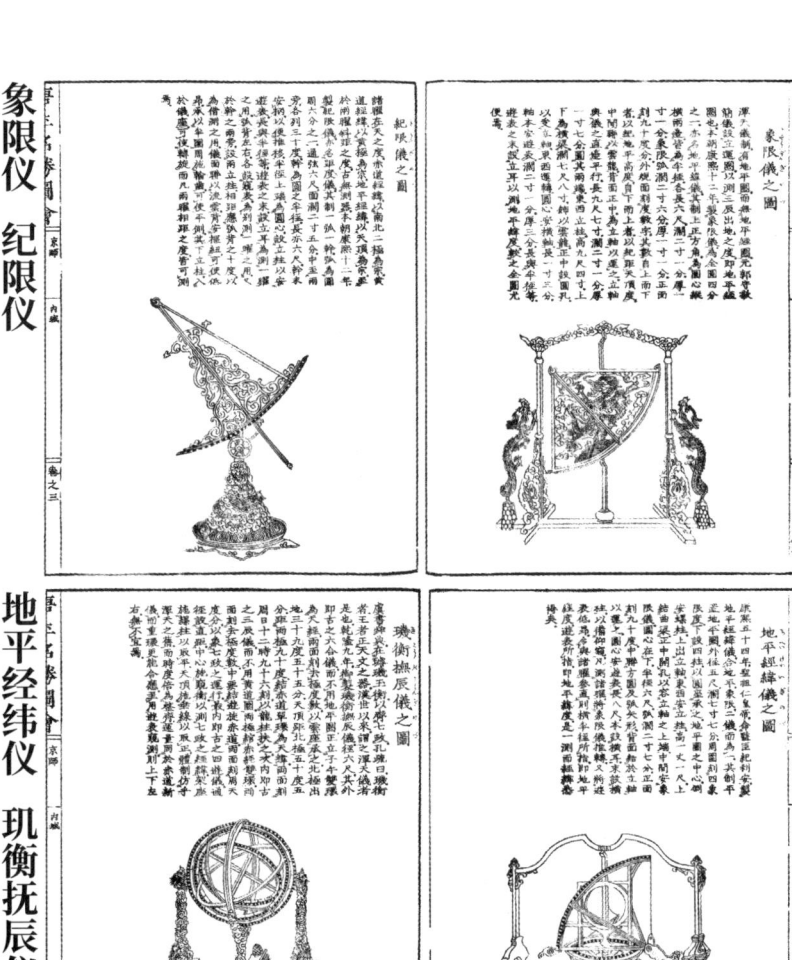

二 形势蛮好

徐有贞的思维太过缜密,他的担心有些多余,但徐有贞并不多余。

四鼓时分,张轨领着大队人马顺利进入了皇城。

这时,天气突变,乌云密布,差点把张轨的人马吓死。徐有贞站了出来,科学地解释说:"变天"嘛,就是现在这个样子!

"专家"一句话,坏事变成好事,张轨的队伍深受鼓舞,精神抖擞地开到了南宫。

南宫的门异常坚固,无法打开。很正常,关死囚的地方怎么会是豆腐渣工程?但攻城的实用技术,石亨最擅长,他叫士兵抱起巨木,猛撞宫门。门没有撞开,右边的围墙震坍了。墙洞更适用,众人一拥而入,找到了太上皇朱祁镇。

接下来便是直奔大内,曹吉祥打开了东华门。

一行人来到御殿前,守门兵士大概想核对暗号或口令。朱祁镇退居"二线"许多年,但当皇帝的业务,这些年一点没有荒废。朱祁镇从容地说了一句:我是太上皇!

成了!朱祁镇登上了奉天殿宝座。

天色微亮,钟鼓齐鸣,群臣上朝。但抬头一看,目瞪口呆,宝座上的皇帝不是朱祁钰,而是朱祁镇。

群臣犹豫之际,徐有贞上前大喊一声:"太上皇复辟了!"

景泰八年(1457)正月十七日,"夺门之变",英宗复辟。

商辂在殿下一下看傻了,手上的请立太子疏,也不知往哪儿放。

散朝,大臣们有的兴高采烈,有的满腹心思。商辂望见于谦,准备过去问个究竟,这等大事,怎么事先也没一点风声?

人还没动呢,过来一个太监,说皇上召见。

皇上,当然是指英宗。

复正大位的英宗,娴熟地坐在文华殿,身边除了太监与锦衣卫,并无旁人。商辂前脚进来,高谷后脚跟了上来。

高谷(1391-1460),扬州兴化人,永乐十三年(1415)进士,是历仕永乐、洪熙、宣德、正统、景泰五朝的老臣,时为谨身殿大学士,兼东阁。身为景泰重臣,又年近古稀,不知英宗召见是福是祸,颇为紧张。

英宗见二人都有点不自在,自动打招呼:"你两个无偏心,我都知道。好生用心办事,我要用你们。"

商辂与高谷见状,顿时释然。英宗说,你们都是老臣呢,还都为朕讲过书,好多年了啊?!

这一说,商辂鼻子有点酸,一次一次,讲了些什么,细细地给英宗数了一遍。英宗开心起来,说你真不愧是状元,事情记得这么清楚。

英宗又问高谷:"与你一起讲书的那个,叫什么来着,今在何处?"

高谷道:"圣上说的,是侍讲陈文,臣保他去做云南布政。今儿早朝,他正好赶上了,还未走远呢。"

下次再找他聊吧,英宗道。转问商辂与高谷:"先议要事吧,今改年号不改?"

高谷对:"周虽旧邦,其命维新。宜改维新元年。"

商辂曰："年号多恐与前代同者。臣等具数年号，请陛下自择。"

"好吧，"英宗点头道，又对商辂说："陈循也是个老状元，可惜老了，怕有七十好几了吧，不能用他了。"

商辂立刻跪地，叩请皇上："陈循历事累朝，老成练达。陛下初复大位，宜新天下耳目，不宜有此议。"

皇上啊了一声，对商辂道："先生说得是。"

于是，英宗命召陈循，让三人令草诏谕百官，首先让人心安定下来。

接着，商辂准备好了几个年号，请皇上钦定。看见"天顺"二字，英宗眼睛一亮："天顺"，好啊！

景泰八年，英宗立诏改为天顺元年（1457）。

改朝换代，蛮顺利的，看来真的天顺了。商辂彻底松了一口气。

三 在劫难逃

一天，仅仅一天，事情便大大出乎商辂的预料。

景泰八年（1457）正月十八日，于谦被捕下狱。一同被捕的，还有大学士王文等。

这个结果，商辂尽管不能接受，但认为似在意料之中。

于谦的罪名是"谋逆"，史称与石亨、徐有贞有关。

石亨与于谦有什么怨仇？二人曾是亲密的战友，至少也是成功的合作伙伴。京师保卫战中，石亨功不及于谦，却也因此封侯。石亨还曾

王摩诘拍碎郁轮袍

选自元明清戏曲故事集古本插图。杂剧,明代王衡作。讲究科举潜规则的故事。王摩诘指的是唐代诗人王维。剧中讲王维未及第就负盛名,九公主做寿,并许诺他以状元之位,前往献技,岐王请王维扮作乐工前往献技,并许诺他可以给他状元之位,王维拒绝了。有个叫王推的人得知这个消息,便冒名前去演奏郁轮袍,九公主立字据承诺他状元。科举考试的主考官宋璟按照试卷来评判,王维第一,王推落榜。王推不服就诬告岐王私心包庇王维,王维遂被罢黜。后来岐王得知真相,这时的王维早已识破科场黑暗,无意为官,隐居在了辋川。

心中有愧,主动举荐于谦之子于冕。但于谦不以为然,认为选拔人才是国家的事,因为私人报答而举荐自己的儿子,根本就不妥当。

高尚,不是所有的人都欢迎。

徐有贞的怨恨,源于于谦的训斥,从此政治抱负多年不得施展。不过,徐有贞始终没有与于谦为敌,他想到的办法,是通过于谦的门人,进而疏通个人之间的关系。但一个要公直,一个要私了,结怨也是可能的。公直,与官场潜规则背道而驰啊!

时过境迁,今非昔比,他们无须再看于谦的脸色了。更何况恩怨较之利益,本就肤浅,更谈不上深沉。石亨、徐有贞集团的拥立之功,分红时节到了,怎么可能让于谦分一杯羹?于谦又远非平凡之辈,而消灭竞争对手，本是官场上最快捷的手段。

英宗相信于谦的罪名吗？不一定，但他希望于谦有罪。

于谦是一个兵权在握的人，代宗朱祁钰还活着，于谦是个正直的能臣，复辟的最后结果尚存有变数。石亨能够政变推出一个皇帝，于谦难道不能？解除于谦的兵权，需要有个合适的理由。

商辂深知英宗善于玩弄"帝王术"，驾驭权力，消除威胁，高高举起的刀，最终会斩断对手的权力。

商辂由此认为，于谦会彻底丢官，但不至于丢命。

但是，于谦被杀了。

商辂的判断并没有错，英宗确实不想处死于谦。英宗认为"于谦实有功"，但徐有贞进一步阐明了一

〈楷书题公中塔图并赞〉明于谦书。这是于谦为朋友普朗和尚题其师公中塔图并赞语作的题记。根据款署「正议大夫资治尹兵部侍郎于谦书」可得知，此书法应是于谦60岁时所作。书法仿赵孟頫，但在用笔之间更具遒劲之象。我们耳熟能详的是他的千古名句《石灰吟》："千锤万击出深山，烈火焚烧若等闲。粉骨碎身全不怕，要留清白在人间。"他在朝为官30余年，一直清正廉明，刚正不阿。明正统十四年（1449）瓦剌来犯，明英宗受宦官王振蛊惑而驾御亲征，在土木堡大败，英宗被俘。在此危难之际，于谦临危受命，拥立英宗的弟弟朱祁钰为帝，最终大败瓦剌。景泰八年（1457）英宗复辟，再次登基，于谦被诬陷「谋逆之罪」而遭杀害，时年59岁，7年后才得昭雪

个道理:"不杀于谦,此举无名!"

证明自己正确,必须证明对手错误,徐有贞的"逻辑学"没有问题,英宗终于痛下决心,弃于谦于市。

商辂完全没有想到的是,老状元陈循也会在劫难逃。

英宗嫌弃的是陈循太老,这个问题经商辂的请求,不是已经解决了吗?但徐有贞还记着。当年,徐有贞几乎跪求陈循,想去做个"大学校长",代宗不同意,陈循没坚持,这也是一笔账呢!

这时的英宗,必须有个依靠力量,并且只能是石亨、徐有贞等人。顺水推舟,何尝不是"帝王术"?

阴谋在与阳谋的交锋中完胜,实现了利益最大化:

朱祁镇,赚到了皇位;徐有贞,赚到了兵部尚书;石亨,赚到了忠国公;张轨,赚到了太平侯;曹吉祥,赚到了司礼太监……

状元商辂,在这场官场地震中,会是怎样的下场?

四 死里逃生

血雨腥风之后天下太平的景象还是要塑造的。皇上交给商辂一项任务:起草诏书,大赦天下。

这也是新皇登基的惯例,英宗虽是不光彩的"二婚",喜事还得如"新婚"一般风风光光地办。

商辂正在写稿呢,石亨同张轨、杨善等一行过来了,说皇上有旨,来内阁检查赦免天下诏书的起草情况。

商辂心想，这几人，除了杨善是左都御史，石亨这几人，搞文字工作也不是强项呀，能够看出什么名堂？

懂文字的杨善没看稿子，近乎文盲水平的石亨倒瞧上了。石亨这一瞧，还真瞧出了问题。

石亨道："皇上说大赦天下，就是一下子都放光嘛！过去的事，统统一笔勾销嘛！你看你，这写的啥呀？假如军职为事充军等项，有赦的，不赦的，都被缠住了，十分不便。开什么条款呢！"

商辂说："大赦天下，朝廷有例，什么样的赦免，什么样的不在赦免之列，条件都必须写清楚。您说不开条款，前无此例，有司亦难以办理。"

石亨一听就来气了，拍着桌子问："照你这么说，是不是文职有犯一钱银子赃者，都发充军，我要将天下卫所尽行补满了！"

商辂回答："这是旧制，赦免必须按已有的条件开列明确。若要改，亦须请过旨来。"

石亨怫然不悦，起身出门，在门口厉声说道："这厮们还这等胆大，不依我们说。除非是杀了几个，才会怕！"

商辂这么做，石亨不认为是按原则办事，而是不依附于己，于是气冲冲地跑到皇上那里告了商辂一状。

英宗毕竟是个老皇帝，律法条文大体清楚。英宗盯着石亨："商辂没有说错。"

没告倒商辂，石亨找来徐有贞，说这告黑状的事，还真是个技术活，在皇帝那里没扳动商辂呢，你物色一个高手，看怎么弄成。

徐有贞果然内行，与言官一商量，商辂就成了于谦的同党，并且在复立太子问题上图谋不轨。

罪名有了，还得往死里整。

石亨叮嘱法司：怎么弄我不管，反正要问成死罪。

这程序上，还得有个审判的过程。都御史萧维桢审问商辂："《复储疏》，是不是你写的？"

商辂说："对呀！"

"那不就得了吗？！"萧维桢道。

商辂辩解："本在礼部，你也签名在上。不是今日写的，调出来一看就清楚了。"

萧维桢以为商辂的《复储疏》没送出去，没想到居然存在礼部。萧维桢只好实话实说："今日之罪，有主之者，我也无可奈何。"

商辂，问成了死罪。像于谦一样，马上也要人头落地了。

案子送交英宗钦定，也是商辂运气好啊，太监兴安正好在皇帝身边，对英宗说："商辂实在太冤啊！"

冤与不冤，英宗不是现在才知道，兴安的话，英宗装作没听见。

兴安聪明，换了一个话题，对皇上说："从前这些人，若是创议南迁，不知将置陛下于何地。"

这一句，打动了英宗，提起朱笔，将商辂改为革职，贬为平民。

阎王门口转了一圈，商辂重新回到了人间。

商辂收拾行李，返回原籍。正准备动身，兴安派人过来报信：再等一等，皇上好像又要改主意了。

英宗对商辂确实存有好感，将商辂革职后，又每每念叨："商辂，是朕选取的士人，曾经与姚夔在东宫侍读。"

念叨了几次，英宗命传令吏部，给商辂安个什么位子吧！正欲降旨，左都御史杨善撞过来了，进言皇上："刚刚有旨召他回，今如何又取，朝臣岂不认为是朝令夕改吗？"

算了吧。英宗扔掉手上的笔，说朕有点累，休息休息。

商辂始终没等到皇上的新旨。奋斗一生的状元，就这么踏上了回家的路。

过了几日，英宗派陈鼎谕大学士高谷等："商辂可惜，不知曾去没？"

商辂到哪儿了，高谷真的不知道。杨善正好也在场，随口答复陈鼎："已过济宁。"

其实，这时的商辂尚在通州，潞河遭冻，船只无法开行。

状元的路，有着想不到的坎坷。

明状元图考，明，顾鼎臣等撰，常应澄（兆圣）画。明万历三十七年（1609）刊本。

明朝共出了90个状元（其后还有焦竑等40余人），此书收录了万历朝之前的状元，并配有小传。状元是科举制度中的最高荣誉，亦称鼎元、殿元。在民间，通常将状元与驸马联系在一起，戏文中，高中状元后，很快就会娶公主为妻。事实上，在中国历史上，既是状元又是驸马的只有唐朝状元郑颢。

明代的第一位状元为吴伯宗，明太祖洪武四年（1371）辛亥科状元。

第二名状元是丁显，殿试前，明太祖朱元璋梦见宫中有一巨钉。阅卷时发现有贡士名为"丁显"，正应梦境，于是授以状元。同样因名字而成为状元的有邢宽。明永乐二十二年（1424）甲辰科殿试，原定状元为孙曰恭。明成祖以"曰恭"并在一起为暴，不吉，点"邢宽"为状元，也可能是因明成祖杀建文旧臣心存愧疚之故。于谦由进士出身，便为通过最后一级考试者。民间称考中进士为"金榜题名"。唐代人极看重进士，幸相多由进士出身，故推重进士为"白衣卿相"，是说虽是白衣无官，但享有卿相的资望。这也是成语"白衣公卿"、"终不为美"的来历。比如永乐朝的缙绅，"虽极人臣，不由进士者，终以为恨"。在明清时朝，凡中试者皆称进士。参加殿试的前三名，依次为状元、榜眼、探花，称进士及第。进士与进士的区别是：进士及第是第一名，科举考试从秀才到进士，要经过"三考六试"。"三考"为县考、府考、院考，"三试"为乡试、会试、殿试。"三试"都是第一位，称为"三元及第"。在中国历史上，只有15人获此殊荣。明朝有两位，一位是明洪武二十四年（1391）状元黄观。建文帝时，燕王朱棣自恃皇叔，态度傲慢，入朝不拜。群臣畏其权势，缄口不敢言。唯独黄观当面顶撞朱棣曰："虎拜朝天，殿上行君臣之礼。龙颜垂地，宫中叙叔侄之情。"后来，黄观在"靖难之役"时为建文帝殉死，明成祖继位后摘除其功名。《图考》的作者顾鼎臣也是一名状元。另一位是商辂。

狀元吳伯宗

洪武四年辛亥 廷對之士俞友仁等一百二十人擢吳伯宗第一 賜伯宗等進士及第出身有差

按吳伯宗宇名祐江西金谿人父儀元鄉貢進士伯宗生而岐嶷十歲通舉子業識者奇之嘆曰玉光劍氣終不可揜洪武庚戌鄉武及殿試俱第一是時初開科 高皇帝親製策問伯宗條對稱 旨 賜袍笏冠服授承直郎禮部員外郎第二第三授承事郎二三甲同 登科考洪武六年罷科舉專用辟薦

狀元丁顯

洪武十八年乙丑會試中式士四百七十二人黃子澄第一練子寧次之皆監生也第三名花綸乃浙江新解首及殿試讀卷官奏編第一子澄又次之是年童謠云黃練花練花黃將人莫解比會試及讀卷所擬名數正協童謠先一夕 上夢殿前一巨旂風系數縷悠揚日下及折首卷乃花綸字日其年少抑之時而得丁顯卷姓名與夢符旦顯字日下雙絲也遂擢狀元花綸之被選一時無不知者故同

狀元任亨泰

洪武二十一年戊辰 廷對之士施顯等九十九人

擢任亨泰第一 罷對策不稱旨者二人

按任亨泰湖廣襄陽人有司推薦起應天由監生中

式 廷試條對詳切即以天下爲己任 上親擢爲

第一寵遇特隆授脩撰每召建議即賜手詔書襄陽

任而不名 襄陽志亨泰狀元及第 太祖曰新狀

元得人勅有司立牌坊以榮之故坊上特揭 聖旨

字他坊惟恩榮小扁此我 朝天下牌坊之始十二

狀元許觀

洪武二十四年辛未 廷對之士許觀等三十一人

擢許觀第一

按許觀字澗伯直隸貴池人本姓黃從母姓許嘗築

寒微書舍勤讀書鄉會試俱第一時年二十八廷對

禦戎策以天道禍福善禍淫之機人事練兵講武之法

爲言 高廟嘉之擢狀元及第官至禮部侍郎後建

文中死於靖難妻翁氏及二女亦赴水死節 按此

則許觀已三元矣當時不傳想削籍而人不知故耳

狀元陳䢿 三月榜

狀元韓克忠 六月榜

洪武三十年二月會試天下貢士學士劉三吾等爲考官取泰和宋琮等五十二人中原西北士子無預者三月 殿試以閩縣陳䢿爲第一北方舉人咸以爲言 上閲所取皆南士䟽之命儒臣再考下第卷中擇其優者取之於是侍讀張信等受命人各閲十卷果以不堪文字奏進 上益怒於是取六十一人 殿試再試策問以山東韓克忠爲首時六月辛巳

狀元胡廣

洪武三十三年庚辰賜除二年也 廷對之士吳溥等一百一十八人擢胡廣第一

按胡廣字光大號吳巷江西吉水生八歲而孤好學日記數千言德器不凡及登第 建文謂其名與漢臣同且胡虜豈可容廣更名靖時年二十六 狀元錄吉水縣東有鑑湖諺云鑑湖水央出狀元是歲水決胡廣應之 西樵野記胡廣吳溥廷試俱取首卷而狀元未定上雖注意於溥然試問小内竪曰今

第八章 状元毕竟是状元

状元商辂被赶回老家时,年龄只有44岁。读书几十年,工作十几年,无论对个人还是朝廷,都是一种极大的浪费。

闲居十年,英宗故去,登基的宪宗,就是那位折腾死一批人的太子朱见深。宪宗当了两年皇帝,成化二年(1466)十二月,遣使召命商辂复出。赶到京城,已为第二年的二月。

这时的商辂,已经53岁了。

一 "十三陵"的斗争

商辂头戴方巾,身着青布圆领服来见皇上。

宪宗问:"先生怎么这等打扮?"商辂回答:"陛下,淳安细民,皆这等模样。"

宪宗说了声"何以言此",即命赐给玉带、官服,官帽也不错:兵部左侍郎兼翰林学士,入直内阁,参与机务。

明宪宗,《宪宗实录》中是这样评价的:"上以守成之君,值重熙之运,垂衣拱手,不动声色,而天下大治。"

什么事不干都天下大治?文人特能写,这段话真实的意思是说,这位属于"不作为"的皇帝。

宪宗很特殊,婴幼儿时期就被"撤职",遭遇坎坷,性格软弱,心理健康状况不是太好,容易办些不靠谱的事情。

商辂对宪宗的经历一清二楚,退休了十年,对当前的朝政也不是太陌生。进入内阁,商辂首先上了《政务疏》,意思就是要让君王靠谱些。人治时代,皇帝决定着社稷的兴衰。

写归写，做归做，商辂逮着了规范帝王的机会。

皇后钱氏为英宗原配，"土木堡之变"中，英宗被瓦剌所虏，钱后日夜哀啼残了一只眼，为英宗祈福残了一条腿。英宗被软禁南宫，钱氏伴英宗度过了最艰难的7年。太难得了，英宗临终前遗命："钱皇后千秋万岁后，与朕同葬。"

遗憾的是钱氏无子，宪宗继位后便出现了两位太后。另一位，即是宪宗的生母周氏。

成化四年（1468）六月，钱太后驾崩，这时就该兑现政策：让钱太后祔葬"十三陵"的裕陵。这对当时的女人来说，无疑是至高的荣耀。

不过，这时的"十三陵"，尚只有四陵：长陵（明成祖）、献陵（明仁宗）、景陵（明宣宗）、裕陵（明英宗）。

周太后比较霸道，英宗健在时还比较收敛，丈夫死了儿子上台，那就不一样了。钱太后要是入了裕陵，那自己百年后放到哪儿？周太后逼迫宪宗，你说老娘死后葬哪儿？

没有办法，宪宗便同意将钱太后另择墓地安葬，裕陵要留一块空地方，日后归老娘。

这既不符合先皇遗愿，也不合礼制。更重要的还不止这些：皇权与文臣的权力是相互制约的，皇权随心所欲，挤压的便是臣子的权力。

宪宗的意见一出，内外大臣立即分作两派：彭时、商辂、姚夔等朝臣坚决反对；拥护的只有宪宗母子，外加太监夏时。太监也有权力，太监的权力是依附皇权的。

商辂与皇上对着干，能赢吗？

祭坛 选自清代绘制的唐土名胜图会。历代帝王举行祭祀典礼的场地，祭祀大典，是封建社会时期的一种礼仪制度

祈年殿 天坛是明清帝王祭天祈祷的地方，是我国现存最大的古代祭祀建筑。天坛最主要的建筑是祈年殿，这里是皇帝祈祷五谷丰登的场地。三重檐的宫殿，巧妙地运用了柱子的排列，分别寓意着四季、十二月份、十二时辰以及二十四节气

圜丘 皇帝冬至祭天的圆形祭坛，又叫祭天坛，位于天坛南部，始建于明嘉靖时期。圜丘祭坛外有两层墙体，外墙为方形墙，内墙为圆形墙，象征着天圆地方

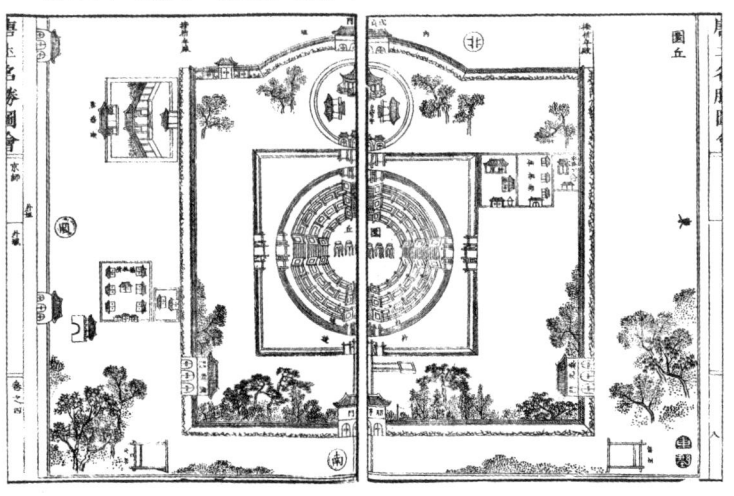

方泽坛

又称地坛，始建于明嘉靖年间，明清时期祭祀「皇地只神」的场所，祭地之坛。地坛的建筑都是方形，寓意平稳、安定，与以圆形为主体的天坛形成了对比。

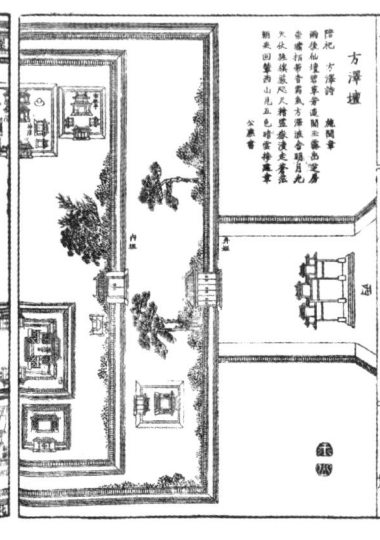

朝日坛

明清皇帝春分之时祭祀太阳的地方，明嘉靖年间始建于朝阳门外，后清顺治年间建坛于皇城东郊

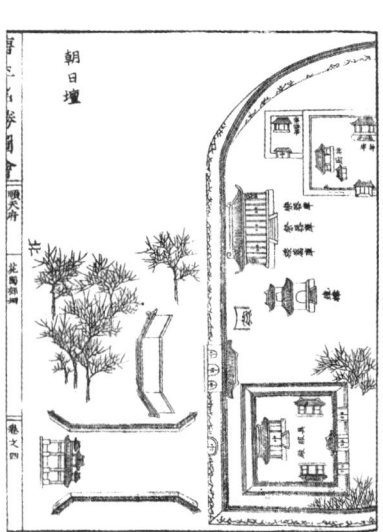

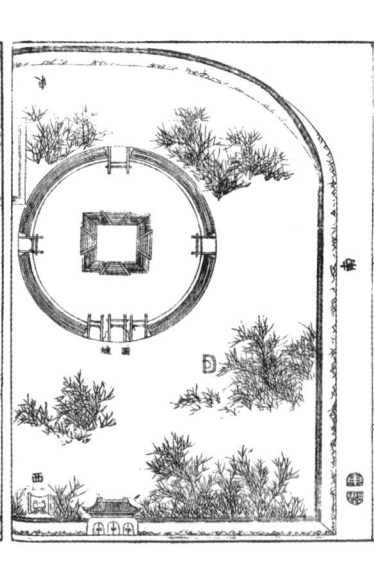

夕月坛

明清皇帝秋分祭月亮和星宿的场地。祭坛位于皇城阜成门外，始建于明嘉靖年间。

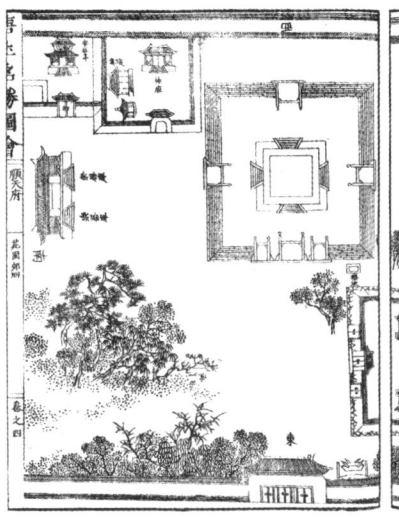
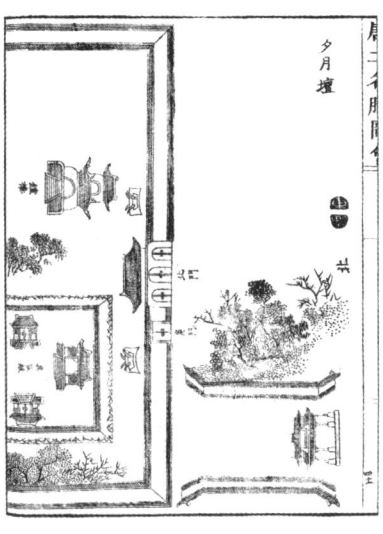

先农坛

春日之际，明清两代皇帝会带领文武百官在先农坛祭祀先农诸神，它主要包括庆成宫、太岁殿、俱服殿、观耕台、神厨、妃宫殿、神只坛等建筑。

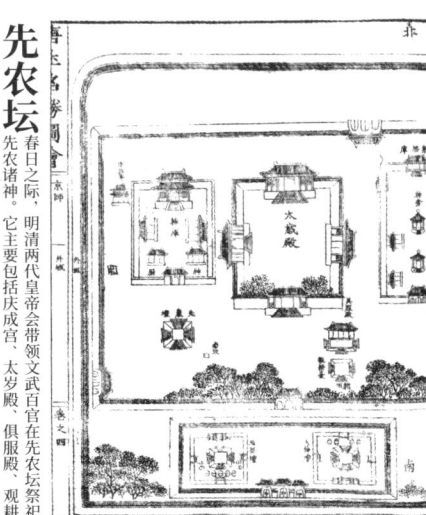

先蚕坛，祭拜蚕神的场地。蚕神是我国民间的司蚕桑之神。中国是最早发明种桑饲蚕的国家。我国古代一直以小农经济为主，具体表现就是男耕女织，男子耕作农活，女子采桑织布

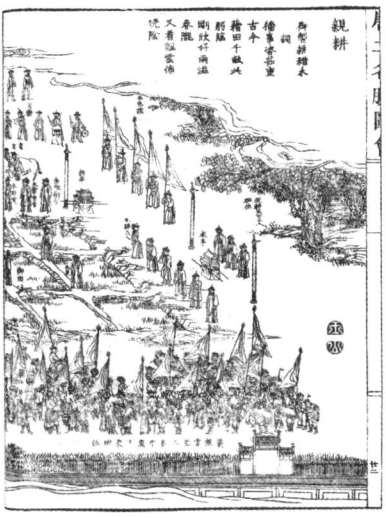

皇帝亲耕 先农坛的观耕台便是皇帝亲耕的地方。大约每年的农历二月或三月到先农坛举行祭祀先农、祭祀典礼结束后皇帝会把礼服脱掉，换上龙袍到地里亲耕，预示着现在天下百姓可以到农田播种了。祭祀先农表示皇帝对农业生产的重视

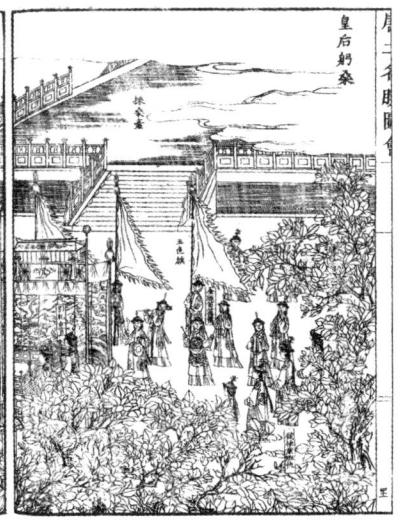

皇后躬桑 采桑礼，先蚕坛祭祀结束后的第二天举行。这与皇帝亲耕礼是一样隆重的，皇后手持金钩亲自采桑喂蚕等，以作为表率

二 一起哭吧

不对等的权力博弈,结果都是偶然的。

周太后本是妇道人家,对群臣的意见不是太重视。对商辂等人的奏请,只派太监夏时当了"新闻发言人"。夏时的回复,只强调了两点:其一,钱太后无子;其二,钱太后有疾,"不宜入山陵,只宜别葬"。

然后,夏太监用手摆出一个胜利的"V"字。

这哪是理由?商辂再上《陵庙疏》。二十多年前,商辂的临场发挥,策对都能评上"状元",这一次深入研究,水平完全是专业论文级的。

商辂说,钱太后祔葬裕陵,这是先帝的遗旨。考之前代,一帝二后并祔陵庙者,未易悉数。比方说汉文帝,生母薄太后,嫡母吕太后,与其父汉高祖并葬长陵。又如宋仁宗,生母李太后,嫡母刘太后,便与其父宋真宗同祭太庙。

商辂强调完"制度"与"规矩",又写了一段意味深长的话:按"制度"与"规矩"办事,"并美无穷,载诸史册,增我皇明之辉,增我皇上孝德之名也"。

看完商辂的《陵庙疏》,宪宗明白了事情的后果,心里开始犹豫起来。周太后当然不管这些。老娘不依不饶,宪宗性格软弱的毛病又犯了。

宪宗说,都退一步:"十三陵"地方大,选一块风水好的,安葬钱太后,这该行了吧?

太庙与社稷坛

选自清代绘制的《唐土名胜图会》。太庙是供奉皇家历代列祖列宗的宗庙，社稷指的是社神（土地神）和稷神（五谷神），社稷合称，代指国家。社稷坛则是祭祀社神和稷神的场地，祈求国泰民安。太庙和社稷坛分别在紫禁城的东边和西边，按照《周礼·考工记》的"左祖右社"而布局的

太庙 明清皇帝祭祖的地方

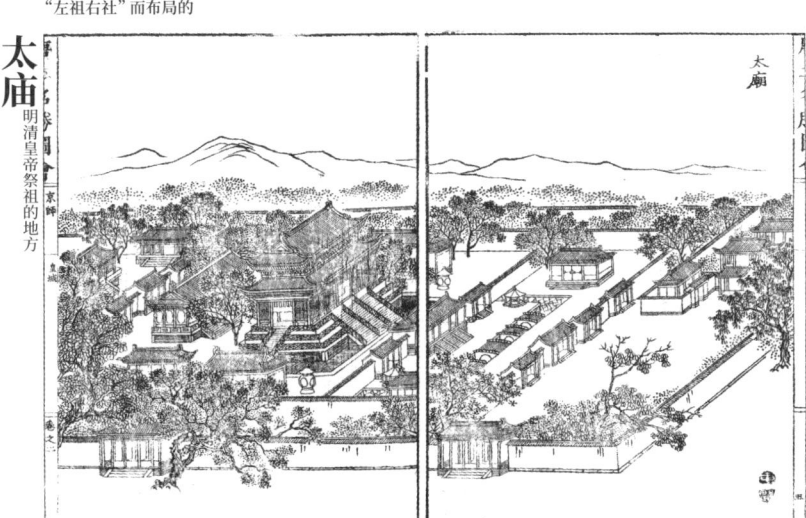

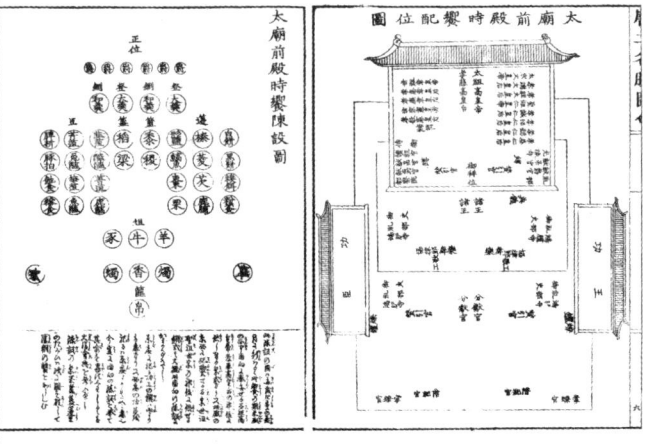

时飨礼 时飨，即时享。太庙前殿时飨配位图和太庙前殿时飨陈设图。太庙四时的祭祀，在祭祀时帝王与臣子都要行时飨礼。古语国语·周语上：「日祭、月祀、时享、岁贡、终王、先王之训也」。祭器，皇帝和皇后各一份。其中，登装太羹，铏装和羹，簠装稻、梁和黍，簋装稷，笾和豆分装12类食物。俎置牛、羊、豕（猪）和烛、香、篚置帛

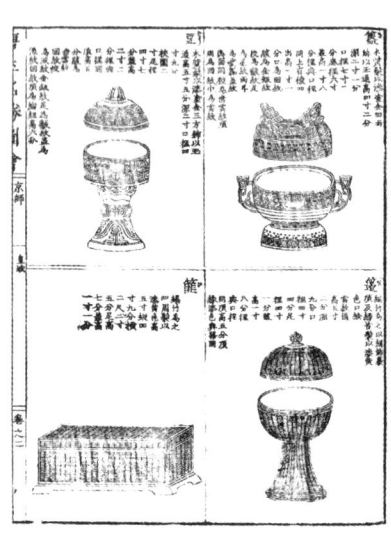
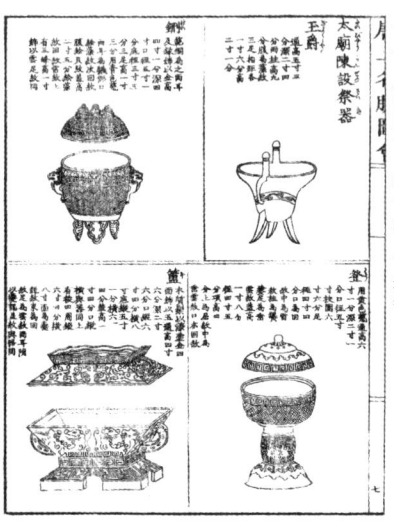

太庙陈设祭器 礼器 登、铏、玉爵、簠、簋、笾、豆、篚、

商辂意识到,单挑看来是不行的。于是,商辂与彭时等人商量,让礼部尚书姚夔出面,把在廷的文武大臣,包括公、侯、伯、附马等都组织起来,一共200多名官员,聚集到了文华门外。

200多个大老爷们,哇哇地哭了起来,这叫"伏阙请愿"。

宪宗说,都回去吧,跪着哭形象不好。

200多个大老爷们,依旧哇哇地哭成一片,合唱团的原声效果也没有这么动人。幸亏明朝的媒体不发达,否则早成轰动世界的特大新闻了。

群臣一致表示,皇上不答应,"合哭团"就不停止。

文华门外,从上班时间到下班时间,始终哭声震天。宪宗受不了,周太后更没见过,母子俩合计,众怒难犯,不如顺从人心,答应算了。

太庙陈设祭器二

俎、犠尊、象尊、著尊、壶尊

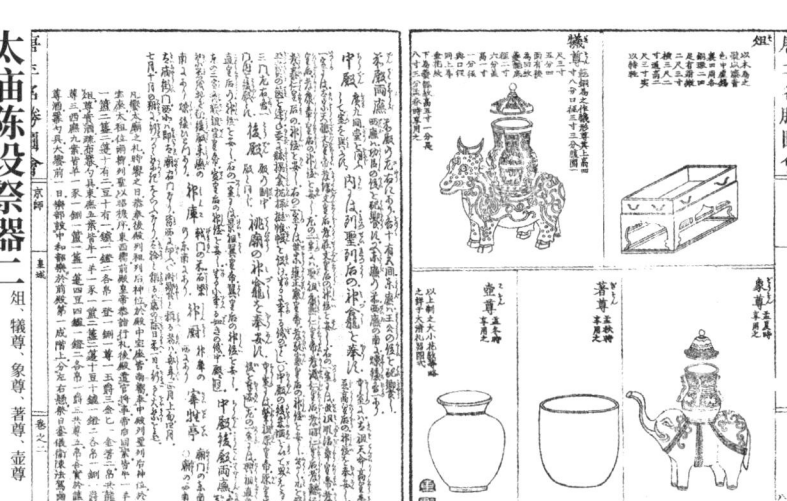

社稷

社稷坛

最终，钱太后被葬于裕陵左侧。

"哭谏"形象不是太雅，效果还是有的。后来出了更不靠谱的皇帝明武宗，群臣们用的也是这个办法。

"文华门哭谏"，是明朝历史上的第一次，是状元商辂的成功发明。

三 又是太子

"十三陵"的斗争，根子出在周太后身上。但是，明朝的外戚干政问题并不突出，这与制度设计有关：明朝的后妃，基本上都出自平民，"显赫"一点的见在"县级"，更显赫的外戚都是后来封赏的。这一制度由明太祖制定后，一直坚持执行，明朝也就形成不了强大的外戚势力。

宪宗的宠妃万贵妃，出身也低。

万贵妃的父亲，因亲属犯罪而谪居霸州，因生活困难将女儿送进皇宫当宫女。万贵妃自幼乖巧懂事，深得当时的孙皇后喜爱。

宪宗朱见深自幼备受打击，照顾宪宗的，就是年长17岁的万贵妃。生活太紧密，二人的"姐弟恋"什么时候开始，无法考证。当上皇帝后，宪宗要做的第一件事，就是要册封万贵妃为皇后，结果被生母周太后骂停了。

但宪宗对万贵妃始终痴迷，有一次，皇后吴氏打了万贵妃，宪宗怒而废后，另立皇后王氏。

成化二年（1466），37岁的万贵妃生下了皇长子，宪宗当场表态，将来立其为太子。但仅过了一年，万贵妃之子即夭折。这个女人，也是相当不幸的。

宪宗在位23年，专宠万贵妃23年。挺感人，也挺坏事，这种持续的一人之下之感，让好姑娘最终变成了坏女人。宪宗时期的皇嗣危机，多半与她有关。

商辂始终关注这一"国本"，不能正常产生皇位继承人，大明朝注定就有风险。儿子夭折后，万贵妃再也没有怀孕，宪宗久而无子，商辂等上疏要求宪宗，以宗社为重，不要专宠，广生子嗣。宪宗回复："内事，朕自主之！"

对这个回复，商辂一时也挑不出什么毛病。

成化五年（1469），柏贤妃生下了皇子朱佑极，由万贵妃抚养。成化七年（1471），商辂与群臣多次请立皇太子。宪宗说，孩子还小呢！

这一次，商辂找到了反驳的理由：宣宗册立的皇太子，出生只有三个月。

主观上，宪宗希望万贵妃再生个儿子，但毫无动静。加上周太后干预，宪宗同意册立朱佑极为皇太子。

皇嗣刚解决，问题又来了：两个月后，朱佑极夭折。

朱佑极是由万贵妃抚养的，太子夭折，万贵妃就算有一万张嘴也说不清。宪宗依旧专宠万贵妃，宫中也就没有皇子出生。直到成化十一年（1475）五月，宪宗突然"冒出"了一个儿子。

这天，宦官张敏为宪宗梳头，宪宗望着镜中的憔悴容颜，想到自己连儿子都没有，不由悲从中来。老宦官忍不住说："您有啊！"

这儿子是怎么冒出来的呢？《明史》载：宪宗幸纪氏，"遂有身……生孝宗,使门监张敏溺焉。"

当年,万贵妃命张敏溺死纪氏生下的孩子,张敏感于良知,留下了那个孩子。

但是,明人尹守衡《明史窃》给出了另一个答案:"初,皇太子之生也,上为万贵妃特秘之,育于西宫,廷臣鲜知之者。"

宪宗与纪氏育有一子,宪宗是知道的。只是因万贵妃的特殊存在,无法公之于世,造成皇子对外公布的问题不好解决。

内阁首辅商辂,在《国本疏》中帮宪宗谋划了一个合适的方案:父子见面;皇子归宗;纪氏正名;再行册立。

成化十一年(1475)十一月,明廷正式册立朱佑樘为皇太子。

内宫的问题,外臣是很难干预的,但不干预内宫又必然影响朝政。状元商辂的智慧,是妥善处理万贵妃与其他嫔妃之间的关系,也不挑拨皇帝与万贵妃之间的关系,将内宫问题解决得恰到好处。

明朝制度上的问题,商辂亦试图解决。

四 开刀的艺术

宦官乱政,在明朝就不像外戚问题那么轻松了。

宦官弄权与明朝"宰相制"的取消,是直接关联的。宋代以前,皇帝与宰相实行分权,明太祖取消了"宰相制",宰相的事就变成了皇帝的。明朝的皇帝,实际上是"董事长""总经理"二合一的角色。万事独裁,皇帝消耗精力巨大。洪武十七年（1384）九月十四日至二十一日，八天之中，明太祖要处理奏章1160件，处理事务3291件。平均一天看150道奏章，处理事务400余件，并且还都是大事。明太祖天生精力好，明宪宗能受得了吗？受不了，就得授权，包括授权内阁，也包括授权太监。太监王振、汪直的出现，就是这种制度的一种必然。

汪直，广西大藤峡瑶人。明军伐瑶，汪直被俘，阉割后入宫为宦官，因得万贵妃宠信升为御马监太监，成化十三年（1477）提督西厂。

清代宦官 节选自《燕京胜迹》(Peking the beautiful) 1927年出版。中国国家图书馆馆藏。宦官，俗称太监，又叫中官、内官、内侍等，是古代皇宫中专供帝王妃嫔使唤的官员，因为是净身的男人，所以又被称为阉人。明代的太监体制称为"二十四衙门"，分别为：十二监：司礼监、御马监、内官监、司设监、御用监、神宫监、尚膳监、尚宝监、印绶监、直殿监、尚衣监、都知监；4司：惜薪司、钟鼓司、宝钞司、混堂司；8局：兵仗局、银作局、浣衣局、巾帽局、针工局、内织染局、酒醋面局、司苑局。3司、8局也分为一到九品不同官品太监。其中司礼监是整个体系中有最高的权力机构，代皇帝批答奏章、传谕旨、总管太监事务等。太监也由于太监行使权力比较多，得到皇帝亲信，所以明代宦官乱政的例子也比较多。吸取了明代的教训，清朝对宦官的约束十分严格，禁止宦官干政。清朝的宦官制度始于顺治时，为了加强对太监的管理，在康熙时期还专门设立了敬事房

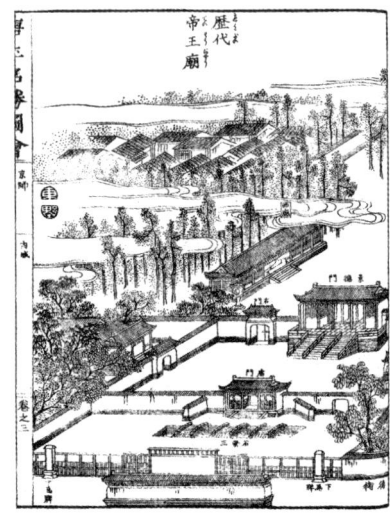

汪直提督西厂，完全是瞎胡闹，《明通鉴》称：汪直"气焰熏灼，凡西厂逮捕朝臣，初不俟奏请"，"民间斗罟鸡狗琐事，辄置重法"。心理不健全的小人，若走上重要领导岗位，做起事来容易失去底线。汪直随心所欲，老百姓吃了哑巴亏，一般也就算了。有一天，一个进京汇报的"省长"（布政使），被汪直莫名其妙地抓了起来，关了几天，啥问题没找到。那为啥要抓呢，汪直说：我看你像坏人！

这位"省长"，也算是够幸运的了。比之杨晔，简直幸运了无数倍。

成化十三年（1477）二月，建宁卫指挥使杨晔

历代帝王庙

选自清代绘制的唐土名胜图会。明清两代皇帝祭祀先祖的地方。北京帝王庙的样式在北京建了历代帝王庙，始建于明嘉靖年间，清嘉庆帝按照南京帝王庙的样式在北京建了历代帝王庙，重修于雍正时期。其中景德崇圣大殿供奉的是三皇、五帝、夏、商、周、西汉、东汉、三国、东晋、南北朝、后唐、后周、辽、宋、金、元、明时代的帝王。东西配殿供奉的是三皇、五帝、商、周、汉、三国、唐、辽、北宋、南宋、金、元、明时期的文武大臣。其中比较独特的是关羽单独成庙的「庙中庙」。北京的历代帝王庙是全国唯一历代帝王祭祀的地方

与父亲杨泰,因被仇家所告来到京师的姐夫董玙家。董玙找了韦瑛,请他帮忙解决杨家的官司。

韦瑛感到,发财的机会来了。杨晔是个小官,能有多少钱?但他可不是凡人,其曾祖父杨荣,建文二年(1400)会试第三,殿试二甲第二,差点就成了状元。杨荣官至内阁首辅,权力仅比皇帝小的就算他了。杨荣是明初著名政治家,清初从祀历代帝王庙。

太有名,那就太有钱,韦瑛就是这么想的。韦瑛为汪直的心腹,二人决定联手发笔横财,便将杨晔抓了起来。三次酷刑,杨晔痛苦不堪,妄言有黄金寄存在叔父、兵部主事杨士伟家。汪直便去抓了杨士伟,黄金还没得到,再去打杨晔。这一打,杨晔死了。

动静闹得太大,太不像话,商辂感到很震惊。

此时的商辂,担任内阁首辅。派人一查,杨晔完全是冤枉的。商辂又觉得,这是个机会——必须把汪直解决掉,否则还会有第二个杨晔。

商辂写了一封奏折,声言"不除汪直,天下大乱!"宪宗一开始不相信,后来见了一堆材料,感到汪直确实恐怖,将其逐回了御马监。

商辂这一刀,很有效果。

五 状元不是万能的

"手术"有疗效,但商辂并不感到万分高兴。

商辂的认识是深刻的:之所以有汪直,是因为有西厂。西厂不是个东西,谁提督西厂,谁迟早都会不是个东西。西厂,背后有着更深层次的问题。

东厂与西厂，都是制度的怪胎。东厂，明成祖永乐十八年（1420）设立，明代的特权监察机构、特务机关和秘密警察机关，只对皇帝负责，不经司法机关批准，可随意监督缉拿臣民，由太监提督，从而开明朝宦官干政之端。

成化十三年（1477），宪宗于东厂之外增设西厂，成员从锦衣卫中选拔。宪宗钦定西厂所领缇骑（即锦衣卫校尉）的人数，要比东厂多一倍，又把东厂与锦衣卫的职权包揽起来，它的职权比东厂和锦衣卫更大。西厂的职能是侦查臣民的言行，并可以对疑犯进行拘留、用刑，西厂又把监狱以及法庭混为一体，而且可随意逮捕朝中大臣，可不向皇帝奏请。

东厂与西厂这两个怪胎，再折腾下去，将导致明朝的政治更加黑暗。这两个，必须解决掉，至少要先解决掉一个。

解决汪直的同时，商辂已经剑指西厂，要求将其废除。

成化十七年（1477）五月，内阁首辅商辂与万安、刘珝、刘吉等阁臣，上疏检举汪直自提督西厂以来的滔天罪行，要求对汪直及其党羽治以重罪严刑，撤销西厂。

商辂在《修政弭灾疏》中问责有度，认为宪宗立西厂本意是好的，但容易被奸小所利用，可能导致"曹钦之乱"这样的恶性事件。

曹钦，太监曹吉祥的嗣子。天顺五年（1461）七月，曹钦领兵冲入皇宫，差点把宪宗的父亲英宗给干掉！

商辂言：由于西厂的存在，"商贾不安于市，行旅不安于途，士卒不安于伍，庶民不安于业，承平之世，岂宜有此？"

后果很严重，反对声此起彼伏，宪宗被迫处了汪直，罢去西厂。

皇明日记 《鼎锓国朝史记事实类编评释日记故事》，简称《皇明日记》，是一本从元代到明代的以人物故事为主要线索的道德教化书。全书共四卷，四十种类别。分别为：卷一为生相类、学知类、考亲类、敬长类、立身类、齐家类、忠臣类、爱民类、信友类、士宦类、崇礼类、悖义类、辟邪类、逐奸类、救奸类、远色类、清廉类、鲠介类。卷二为：尊贤类、隆师类、信谊疾类、内阁类。卷三为：气节类、奇才类、雅量类、威望类、诚格类、媚悦类、贪宠类、狙类、感德类、化物类、贞烈类、归隐类、训子类、遭遇类、见机类、神仙类、考终类、插图选取的是卷三中内阁类，主要讲的是明代宫中宦官谏言，刚正耿直的故事，主要写的人物有：洪武年间的云奇、景泰年间的金英，以及成化年间的覃吉、阿丑、陈准等但是，危害社会的东西，对加强皇权又有益处。西厂被罢后，宪宗仍密召汪直，伺察外间动静，伺机恢复西厂。

这时，一个"机会主义者"就诞生了。

——戴缙，广东南海人，成化二年（1466）进士，时任南京监察御史。南京官员本来就没什么权力、地位，戴缙在御史的位子上，干了9年都没获提拔，总想着弄点什么动静引起皇上的关注。人人厌恶的汪直，戴缙夸他好；人人唾骂的西厂，戴缙建议要恢复。

"窥帝旨，盛称直功"，戴缙的奏疏命中宪宗心坎，宪宗顺势恢复仅废一个月的西厂。提督西厂，还是汪直。

这个戴缙很有意思：官升得快，数年升至南京工部尚书；人死而不烂，1956年墓被发掘时，还是完好的干尸。

戴尚书心满意足，商状元心灰意冷。

商辂愤上《乞恩休致疏》，请求告老还乡。宪宗客套都没客套一下，"诏加少保，赐敕驰传归"。

一代状元就此落幕。状元不是万能的，但没有状元，大明早就失去应有的光彩。

结语

　　连中三元的商辂，创造了中国科举史上的一个奇迹。商辂以其一生的奋斗，功在社稷，闻名不朽，囿于写作的需要，本书呈现仅为窥豹一斑。

　　传统文化的要义，在于与时俱进，中国的科举制度，也处于不断的变革与演进之中。自隋唐开始，科举无不融入时代的精神，形成各具特色的科举制度，推动政治、文化与社会发展向前。

　　随着全球近现代化浪潮的急速涌起，19世纪80年代后，中国的科举制度发生巨大改变。晚清实行"新政"后，"从1906年起，所有乡试、会试一律停止，各省岁科考亦即停止"，中国历史上延续了1300多年的科举制度，最终让位新学。

　　任何一项制度，都不会有利无弊。清廷废科举之举，在适应社会发展需要的同时，一定程度上加剧了社会动荡与王朝速亡。但"以试取士"的科举精髓，并未因清廷之废而丧失其新时代的价值，而是以全新的形式适应时代、服务时代，既存留于西方文官制度之中，也以"高考""国考"等多种形式，遴选新时代的社会精英。

紧承1905年的科举之废，现代高考制度适时登上了历史舞台。1936年，中国100余所大学展开自主招生考试；1952年，新中国建立起更为公平的高考制度；1977年，恢复高考不仅赢得了民心，也为当代中国的崛起奠定了人才基石；1980年，公务员录用制度开始建立，科举精髓裂变为时代价值。

正因为如此，"状元文化"几乎没有一刻离开过历史舞台。科举精髓的另一层含义，则是公开、公平的开放式竞争。竞争的激烈性，又表现为社会层面上的"状元文化"，受到古今读书人的普遍关注，甚至是全社会的广泛关注，直至今天。

以历史事实观之，每个时代的"状元"都不是凡人，皆有自己辉煌的业绩，只是成就领域各有不同，因而于后世的影响或著或微，但绝非民间所说的"书呆子"。这样的读书人，不可能在系列竞争中胜出。以世俗的眼光衡量商辂，考试名列"状元"，从政位至"宰相（内阁首辅）"，无一不是空前成功。但是，状元商辂不是没有失败。这种失败又与复杂的社会因素密切相关。并且，过去是这样，现在是这样，将来仍会是这样。

"究天人之际，通古今之变"，选择状元商辂论科举，故纸之中寻启示，正是本书的初衷所在。

参考书目

沈兼士 著《中国考试制度史》,北京:中国和平出版社,2014年出版。
蒋超 主编《中国高考史》,北京:中国言实出版社,2008年出版。
(明)商辂撰《商辂集》,杭州:浙江古籍出版社2012年出版。
(明)商辂撰《商文毅疏稿》,台北:商务印书馆1986出版。
(明)商振伦撰《明三元太傅商文毅公年谱》,济南:齐鲁书社1997年出版。
(明)张宏道、张凝道撰《皇明三元考》,济南:齐鲁书社1997年出版。
朱保炯、谢沛霖 编《明清进士题名碑录索引》,上海:上海古籍出版社出版,1979年出版。
毛佩奇主编:《中国大通史》,北京:学苑出版社,2018年出版。
(日)上田信等 著,高莹莹(译):《中国大历史》,桂林:广西师范大学出版社,2014年出版。
钱穆 著《中国历代政治得失》,北京:三联书店,2001年出版。
谭天星 著《明代内阁政治》,北京:中国社会科学出版社,1996年出版。
中研院历史语言研究所校印,黄彰健校勘:《明实录》,北京:中华书局,2015年出版。
(清)张廷玉等撰《明史》,北京:中华书局1974年出版。
(清)谷应泰撰《明史纪事本末》,北京:中华书局1977年出版。
(明)谈迁撰《国榷》,北京:中华书局1958年出版。
(清)夏燮撰《明通鉴》,长沙:岳麓书社1999年出版。
(清)傅维鳞撰《明书》,济南:齐鲁书社1997年出版。
(清)陈鹤撰《明纪》,北京:北京出版社1997年出版。
(明)尹守衡撰《明史窃》,台北:明文书局1991年出版。
(清)王鸿绪撰《明史稿》,台北:明文书局1991年出版。
(清)龙文彬 撰《明会要》,北京:中华书局,1956年出版。
(明)申时行 撰《明会典》,北京:中华书局,1989出版。
(明)宋濂等撰,中华书局编辑部编:《元史》,北京:中华书局,2000年。
(明)朱国祯撰《涌幢小品》,北京:中华书局1959年出版。
(明)沈德符撰《万历野获编》,《元明史料笔记丛刊》,北京:中华书局1959年出版。
(明)王世贞撰《弇山堂别集》,北京:中华书局1974年出版。
(明)余继登撰《典故纪闻》,北京:中华书局1981年出版。
(明)袁袠撰《皇明献实》,台北:明文书局1991年出版。
(明)彭时撰《彭文宪公笔记》,北京:北京大学出版社1993年出版。
(明)姚夔撰《姚文敏公遗稿》,济南:齐鲁书社1997年出版。
(明)杨瑄撰《复辟录》,上海:上海古籍出版社2002年出版。
(明)王世贞撰《皇明异典述》,北京:全国图书馆文献微缩复制中心,2004年出版。

状元陈循

永乐十三年乙未始诏天下举人会试于北京取洪英等三百五十人 廷试擢陈循第一

按陈循字德遵江西泰和人甲午首乡荐会试拟首考官梁潜以乡曲避嬗置第二 廷试首擢昔水涌

龙洲识曰龙洲过县前泰和出状元适龙洲水溢循应兆

状元录循家作醮度孤开蓬夜半闻云明夜陈状元家放水灯我童去看渔翁开蓬寂无人次早果有陈秀才来吁渔船放水灯渔翁言其事

状元李骐

永乐十六年戊戌 廷对之士董璘等二百五十人擢李骐第一

按李骐字德良福建长乐人初名马铎举第一 廷试御笔改为骐越三日胪传无应之者上曰即李马也骐乃受 诏 赐纱帽银带朝服中外传以为祟骐为人严毅有气节方病值出临哭病遂深卒年四十八终于脩文歳长乐大平港又应十洋成市状元来之谶

图书在版编目（CIP）数据

文状元：一个从学子到宰相的人生奋斗历程 / 章宪法著. -- 北京：中国画报出版社，2021.5（2022.3重印）

ISBN 978-7-5146-2006-1

Ⅰ.①文… Ⅱ.①章… Ⅲ.①科举制度－历史－中国 Ⅳ.①D691.3

中国版本图书馆CIP数据核字(2021)第037500号

文状元：一个从学子到宰相的人生奋斗历程
章宪法 著

出 版 人：于九涛
责任编辑：齐丽华 郭翠青
书籍设计：潘振宇 774038217@qq.com
营销编辑：孙小雨
责任印制：焦 洋

出版发行：中国画报出版社
地　　址：中国北京市海淀区车公庄西路33号 邮编：100048
发 行 部：010-68469781 010-68414683（传真）
总编室兼传真：010-88417359　版权部：010-88417359

开　　本：32开（787 mm×1092mm）
印　　张：8.5
字　　数：180千字
版　　次：2021年5月第1版　2022年3月第3次印刷
印　　刷：北京汇瑞嘉合文化发展有限公司
书　　号：ISBN 978-7-5146-2006-1
定　　价：70.00元

狀元曾鶴齡

永樂十九年辛丑 廷對之士陳中等二百人權鶴齡第一

按曾鶴齡字延年號松坡江西泰和人母夢星墜臥內乃生鶴齡旣冠以書經擅名由儒士與兄椿齡同中鄉薦明年會試鶴齡留養於家兄舉進士與翰林庶吉士以沒養母五年學者爭師之母命赴試得舉進士權第一授修撰年三十九是歲龍洲水溢又登狀元之讖是科浙江嘉興包昺包儞兒弟同登

狀元馬愉

宣德二年丁未 廷試趙鼎等一百人權馬愉第一

按馬愉字性和號璞菴山東臨朐人七歲方言下筆成誦後 廷試第一授修撰二年父病歸 賜驛騎幷藥餌費辛年五十三 客坐新聞臨朐渡口有土人夜乘涼聞渡口鬼揶揄曰明日午時我輩得替矣可託生也其人明午伺驗之至期見一舟載五六人解纜鼓柁忽一婦求渡舟子挽舟載之渡竟無他至夜仍於渡口納涼鬼復揶揄且云日都被馬永相救